Stock Options
OS PLANOS DE OPÇÃO DE COMPRA DE AÇÕES

2017

Felipe Lorenzi de Britto
Fernanda Balieiro Figueiredo
Iva Maria Souza Bueno

STOCK OPTIONS
OS PLANOS DE OPÇÃO DE COMPRA DE AÇÕES
© Almedina, 2017

AUTORES: Felipe Lorenzi de Britto, Fernanda Balieiro Figueiredo, Iva Maria Souza Bueno
DIAGRAMAÇÃO: Almedina
DESIGN DE CAPA: FBA
ISBN: 978-858-49-3223-8

Dados Internacionais de Catalogação na Publicação (CIP)
(Câmara Brasileira do Livro, SP, Brasil)

Britto, Felipe Lorenzi de
Stock options : os planos de opção de compra de
ações / Felipe Lorenzi de Britto, Fernanda Balieiro
Figueiredo, Iva Maria Souza Bueno. -- São Paulo :
Almedina, 2017.
Bibliografia
ISBN: 978-85-8493-223-8
1. Direito tributário 2. Direito tributário -
Brasil 3. Empresas - Leis e legislação 4. Empresas –
Tributação 5. Opções de ações - Brasil I. Figueiredo,
Fernanda Balieiro. II. Bueno, Iva Maria Souza.
III. Título.

17-04827   CDU-34:336.225.674

Índices para catálogo sistemático:
1. Empresas : Prática tributária : Direito tributário 34:336.225.674

Este livro segue as regras do novo Acordo Ortográfico da Língua Portuguesa (1990).

Todos os direitos reservados. Nenhuma parte deste livro, protegido por copyright, pode ser reproduzida, armazenada ou transmitida de alguma forma ou por algum meio, seja eletrônico ou mecânico, inclusive fotocópia, gravação ou qualquer sistema de armazenagem de informações, sem a permissão expressa e por escrito da editora.

Junho, 2017

EDITORA: Almedina Brasil
Rua José Maria Lisboa, 860, Conj.131 e 132, CEP: 01423-001 São Paulo | Brasil
editora@almedina.com.br
www.almedina.com.br

AGRADECIMENTOS

Dedicamos este trabalho e agradecemos com muito carinho:

Aos nossos pais, por construírem o alicerce para os nossos aprendizados e conquistas

Aos nossos familiares e amigos, pelo constante apoio e incentivo ao enfrentarmos os desafios

Aos colegas de profissão, pelos enriquecedores debates

Ao professor Régis Fernando de Ribeiro Braga, pela eficiente orientação na elaboração deste estudo

APRESENTAÇÃO

Muito me alegra e honra ter sido convidado a escrever esta apresentação.

A obra ora editada pela Almeidina é fruto de árduo trabalho de três jovens promissores autores, fruto de seus estudos na Especialização (*LL.M*) em Direito Tributário promovida pelo Insper - Instituto de Ensino e Pesquisa, em São Paulo (SP).

Resolveu cada um deles escrever sobre aspectos tributários atinentes as *stock options*, os planos de opção de compra de ações que podem ser outorgados por companhia brasileiras a seus empregados e administradores.

Como professor orientador daquela Especialização, uma de minhas preocupações é de auxiliar os discentes no sentido de diversificarem, o mais possível, o seu objeto de estudo, visando que a produção acadêmica do Insper seja ampla e plural.

Contudo, a partir das características pessoais de cada uma das autoras e do autor, bem como de suas trajetórias acadêmicas c profissionais individuais, intuí que seriam produzidos três trabalhos – versando sobre o mesmo tema – absolutamente diferentes.

Assim, fiquei muito feliz em saber que minha intuição estava correta, ao analisar cada um deles no decorrer do processo de orientação de sua elaboração: a obra que ora é apresentada ao público enfoca os aspectos tributários atinentes ás *stock options* sob prismas diferentes e – o que é melhor – de maneira singularmente complementar.

O primeiro deles, da lavra de Felipe Lorenzi de Britto, **Os Planos de Concessão de Ações e Seus Principais Aspectos,** nos dá uma panorâmica dos problemas decorrentes da escassa disciplina jurídica aplicável **ás** *stock options* no Brasil e de aspectos relativos á dedutibilidade das despesas suportadas por suas concessoras, para efeitos da determinação de suas bases de cálculo reais do Imposto de Renda - Pessoa Jurídica e da Contribuição Social sobre o Lucro Líquido.

O texto seguinte, de Fernanda Balieiro Figueiredo, **Análise da Incidência da Contribuição Previdenciária Sobre os Planos de Concessão de Ações (*Stock Option Plans*) e da Validade da Base de Cálculo Utilizada Pelas Autoridades Fiscais**, tem por escopo maior a análise sobre a incidência – ou não – da Contribuição Social a cargo da empresa sobre a remuneração atribuída a seus empregados e administradores, verificando se as *stock options* possuem ou não os atributos legais necessários a sujeitá-las à incidência tributária.

O trabalho que encerra a presente obra, de Iva Maria Souza Bueno, **O Regime Tributário das Opções de Compra de Ações ("Stock Option") Outorgadas a Empregados e Administradores por Empresas Brasileiras**, difere dos que lhe antecederam, na medida em que o estudo da autora está muito mais focado nos beneficiários das *stock options* – os empregados e administradores – e no ônus tributário a recair sobre estes.

Como professor orientador dos autores, quero uma vez mais parabenizá-los pelo empenho e dedicação, bem como pelo comprometimento irretratável com a excelência na elaboração e apresentação dos trabalhos ora publicados, parabéns que estendo também ao Insper e à Almedina pela construção – e manutenção – de uma parceria que valorosamente contribui para a divulgação de obras jurídicas possuidoras de inegáveis qualidades acadêmicas e de relevantes aspectos práticos, tão em falta no cenário jurídico nacional.

São Paulo, maio de 2017

RÉGIS FERNANDO DE RIBEIRO BRAGA
Professor Orientador – LL.M em Direito Tributário
Insper – Instituto de Ensino e Pesquisa
São Paulo, SP

SUMÁRIO

OS PLANOS DE CONCESSÃO DE AÇÕES (*STOCK OPTIONS*) E SEUS PRINCIPAIS ASPECTOS

FELIPE LORENZI DE BRITTO	11
Introdução	11
1. Breve Histórico e Terminologias	14
2. Algumas Modalidades de Planos de Ações	16
2.1. *Stock Option Plans (SOPs)*	17
2.2. *Restricted Stocks*	19
2.3. *Employee Stock Purchase Plans (ESPP)*	19
2.4. *Phanton Stock Shares*	20
3. Discussões sobre a Natureza Jurídica das *Stock Options* e suas Consequências para Fins Previdenciários	20
3.1. As modalidades de *stock options* e sua natureza jurídica	26
3.2. Impactos previdenciários gerados pela natureza jurídica remuneratória das *stock options*	27
4. Impactos Tributários	36
4.1. Impactos tributários no caso de caracterização da natureza salarial das *stock options*	36
4.2. Tributação da Pessoa Física pelo Imposto de Renda nos casos de *stock options* de natureza mercantil	38
4.3. A tributação da Pessoa Jurídica nas *stock options*, a Lei 12.973/2014 e o Pronunciamento do Comitê de Pronunciamentos Contábeis (CPC) nº 10	42
4.4. Declaração das *stock options* pelo beneficiário	45
5. Conclusão	45
Referências	47

ANÁLISE DA INCIDÊNCIA DA CONTRIBUIÇÃO PREVIDENCIÁRIA
SOBRE OS PLANOS DE CONCESSÃO DE AÇÕES (*STOCK OPTION
PLANS*) E DA VALIDADE DA BASE DE CÁLCULO UTILIZADA
PELAS AUTORIDADES FISCAIS

FERNANDA BALIEIRO FIGUEIREDO	49
1. Introdução	49
2. Contribuição Previdenciária: Regra Geral	51
3. *Stock Option Plan*	53
3.1. Conceito	53
3.2. Principais Espécies de Planos	54
3.3. Principais Aspectos do Plano de Concessão de Ações	56
3.4. Natureza Jurídica	59
4. Posicionamento da Receita Federal do Brasil	67
5. Posicionamento do Conselho Administrativo de Recursos Fiscais	69
6. Fato Gerador e Base de Cálculo da Eventual Contribuição	76
7. Conclusão	78
Referências	79

O REGIME TRIBUTÁRIO DAS OPÇÕES DE COMPRA DE AÇÕES
"*STOCK OPTION*" OUTORGADAS A EMPREGADOS
E ADMINISTRADORES POR EMPRESAS BRASILEIRAS

IVA MARIA SOUZA BUENO	83
Introdução	83
1. Conceito de Plano de Opção de Compra de Ações – Aspectos Societários	84
2. Conceito de Remuneração e a Natureza Jurídica do *Stock Option* perante a Justiça do Trabalho	88
2.1. Conceito de Remuneração	88
2.2. Natureza Jurídica do Stock Option perante a Justiça do Trabalho	90
3. A Tributação da Remuneração e dos Planos de "Stock Option" Outorgados aos Empregados e Administradores	93
3.1. A Contribuição Previdenciária e o FGTS	94
3.2. O Imposto Sobre a Renda	98
4. O Impacto da Lei nº 12.973, de 13 de maio de 2014, na Tributação do "Stock Option"	105
5. A Tributação do "Stock Option" na visão do CARF	108
6. Conclusão	117
Referências	118

Os Planos de Concessão de Ações (*Stock Options*) E seus Principais Aspectos

FELIPE LORENZI DE BRITTO

Introdução

O presente artigo abordará, de forma analítica e objetiva, os planos de concessão de ações (planos de ação ou *stock options*) utilizados atualmente pelas empresas brasileiras como forma de incentivar a produtividade de seus colaboradores, bem como seus principais aspectos (tributários, previdenciários, trabalhistas e societários) e algumas questões polêmicas envolvidas.

A grande questão envolvendo os planos de ações para fins tributários, previdenciários e trabalhistas (e, também, contábeis) está relacionada à sua natureza jurídica. As regras de incidência tributária e previdenciária aplicáveis em decorrência de pagamentos efetuados por meio desses instrumentos, de caráter remuneratório ou mercantil, levantam diversos questionamentos dentre os doutrinadores e professores de direito.

O tema objeto deste artigo é extremamente relevante devido, principalmente, ao crescente número de empresas que vêm utilizando os planos de ação como forma de remuneração de seus empregados e colaboradores. O tema também possui importância em função da ausência de normatização específica sobre a matéria, bem como devido ao avanço da fiscalização, pela Receita Federal do Brasil (RFB), das estruturas atualmente adotadas pelas companhias.

Na apresentação de seu livro *Stock Options e Demais Planos de Ações: Questões Tributárias Polêmicas e a Lei 12.973/2014*, Elisabeth Lewandowski Libertuci[1] traz um dado importante sobre as fiscalizações envolvendo os Planos de Ações:

> *"Estudos apresentados pela empresa de consultoria Mercer[2], considerando um espectro de aproximadamente 66 empresas de grande porte, a maioria delas subsidiárias no Brasil de grupos econômicos internacionais, dão conta de que estas empresas (e/ou os executivos elegíveis aos Planos) começam a sofrer fiscalização pontual sobre o assunto. Do universo pesquisado, 17% já são alvo de fiscalização, algumas iniciadas na pessoa jurídica brasileira e outras, na pessoa física do beneficiário. O percentual é alarmante, se considerarmos que Planos de Ações costumavam ser raramente discutidos em nível trabalhista, mas não sob a ótica da Previdência Social e do Imposto de Renda."*

Os Planos de Ações são instituídos, via de regra, com o objetivo de permitir aos executivos, empregados-chave e/ou prestadores de serviço relevantes, uma participação na valorização futura da companhia.

O pensamento moderno das empresas tem feito com que, não só executivos famosos sejam contemplados como beneficiários dos planos de ações, mas também os demais empregados. Dessa forma, o objetivo em comum – qual seja, o sucesso da companhia – faz com que todos saiam ganhando.

Como veremos, os planos de ações têm como característica principal estimular a produtividade dos colaboradores. Como existem variadas modalidades de planos de ações, a companhia deve verificar a forma que melhor atende suas necessidades/expectativas.

O tema, no Brasil, é relativamente pouco explorado e também relativamente pouco adotado pelas companhias, de forma geral. Não há legislação trabalhista ou previdenciária que trate especificamente do tema, nem dos valores recebidos como resultado da participação dos empregados em planos de ações. Apesar dessa ausência de normatização específica sobre o tema, a possibilidade de criação das *stock options* está prevista no § 3º do artigo 168 da Lei 6.404 de 15 de dezembro de 1976 (Lei das Sociedades Anônimas), que também traz os requisitos para a sua criação.

---

[1] LIBERTUCI, Elisabeth Lewandowski. **Stock Option e Demais planos de ações: questões tributárias polemicas e a Lei 12.973/2014**. Elisabeth Lewandowski Libertuci, Mariana Neves de Vito, Luciana Neves de Souza. 1ª edição. São Paulo: Editora Revista dos Tribunais, 2015.

[2] *Consultoria em capital humano, saúde, previdência e investimentos.*

Em decorrência disso, veremos que ainda existem controvérsias sobre os direitos que estão atrelados aos planos de ação. O que se pode concluir, com a análise deste tema, é que a situação fática de cada caso concreto poderá ensejar consequências diferentes aos beneficiários de cada um dos planos e suas companhias.

Seja do ponto de vista fiscal/tributário, trabalhista ou previdenciário, a principal questão a ser debatida é a natureza jurídica do respectivo plano de ação. E o desfecho sobre esses aspectos somente poderão ser apresentados mediante uma análise do caso concreto, podendo, ainda assim, como se verá, surgirem dúvidas relevantes.

Os planos de ação ainda não foram objeto de estudo exaustivo pela doutrina e jurisprudência. Da mesma forma, ainda está em fase embrionária de análise os principais casos de utilização de planos de ações pelas empresas.

No que diz respeito ao Conselho Administrativo de Recursos Fiscais (CARF), algumas decisões relevantes foram emitidas recentemente sobre o tema, como veremos no decorrer do artigo. Novamente podemos notar que as peculiaridades de cada caso faz com que o órgão conclua de forma divergente quando o assunto é *stock options*.

Em relação ao Imposto de Renda da Pessoa Jurídica (IRPJ) e aos custos da empresa com a concessão das *stock option*, analisaremos os reflexos da recém publicada Lei 12.973 de 13 de maio de 2014, cujo objetivo é o de adequar as normas tributárias brasileiras às regras contábeis introduzidas pela Lei 11.638 de 28 de dezembro de 2007, que harmonizou as normas contábeis brasileiras aos padrões internacionais *IFRS – International Financial Reporting Standards*.

Outro item que também demandará análise é a identificação do fato gerador do Imposto de Renda, bem como sua base de cálculo e alíquota aplicável. Tratam-se, provavelmente, das questões mais complexas envolvendo o tema, dada a peculiaridade de cada caso e a falta de padronização da doutrina e jurisprudência em relação ao assunto.

Em resumo, além da obrigatoriedade de se analisar minuciosamente cada caso concreto, é importante estressar que os precedentes administrativos e judiciais sobre o tema ainda tem muito a evoluir.

Diante da introdução acima, verifica-se a importância do presente trabalho: a necessidade de compreender os principais aspectos dos planos de ações, tentando-se evitar, inclusive, que as autoridades fiscais venham a questionar as formas de utilização dos planos de ações pelas companhias brasileiras.

1. Breve Histórico e Terminologias

As chamadas *stock options* surgiram nos Estados Unidos da América (EUA) na década de 50 e por lá se tornaram populares em meados da década de 80, período em que grande quantidade de empresas americanas passou a utilizar o mecanismo.

Já na Europa, um pouco depois, as *stock options* apareceram nos anos 80 e tiveram seu ápice na década de 90.

Os planos de ações têm por objetivo primordial permitir aos executivos, empregados-chave e/ou prestadores de serviço relevantes, uma participação na valorização futura da companhia. Ou seja, busca-se alinhar os interesses da empresa com o de seus empregados, por meio da valorização da empresa e consequente bonificação dos empregados. Trata-se de uma forma de reter talentos.

Os planos de ações têm por característica estimular a produtividade dos empregados. São diversas modalidades de planos de ações, devendo cada companhia verificar a forma que melhor atende às suas necessidades/expectativas.

Ao retomarmos aos primórdios das *stock options*, nos EUA, estudiosos do assunto se arriscavam a dizer que o mecanismo não teria futuro, principalmente em decorrência do conflito de interesses que estava se formando entre as companhias e seus empregados de alto escalão (até então, os beneficiários exclusivos dos planos). Tal foi a sensação do ex-advogado geral (*solicitor general*) dos Estados Unidos, Dr. Erwin Nathaniel Griswold, ao fazer seu discurso de abertura do curso de direito da Universidade de Harvard, em 1959.

Em parte, o Dr. Griswold tinha razão. Vide, por exemplo, o polêmico caso envolvendo a empresa Enron, no início dos anos 2000.

Em 2004 a empresa de energia revelou um enorme buraco em suas contas, que arrasou os preços de suas ações. A comissão responsável pela fiscalização do mercado de capitais americano, a *SEC (Security Exchange Comission)*, começou, então, a investigar os resultados da empresa. Foi nesse momento que se verificou que a diretoria da empresa havia manipulado seus resultados com o objetivo de ver o valor de mercado da empresa incrementado e, consequentemente, ver seus ganhos lastreados nas ações da empresa que detinha, decorrentes das *stock options,* aumentar. Naquela época, os valores pagos a título de *stock option* não eram registrados como despesas das companhias, o que também acabava facilitando para as entidades.

Esse e outros escândalos ocorridos nos EUA e na Europa no início dos anos 2000 acabaram gerando a revisão das legislações referentes às *stock options,* criando maior controle sobre seu uso, o que acabou fortalecendo a utilização do instrumento pelas companhias. Uma dessas alterações foi justamente o fato de que os valores gastos pelas empresas com os planos de *stock option* fossem contabilizados como despesas dedutíveis.

Passados todos esses anos e alguns escândalos depois, verifica-se que uma enorme quantidade de empresas nos Estados Unidos e em diversos outros lugares do mundo adotaram o mecanismo das *stock option* como forma de remunerar, incentivar e reter seus principais funcionários. De acordo com Carol E. Curtis[3], em 2001 aproximadamente 12 milhões de americanos recebiam *stock options,* o que, na época, correspondia a aproximadamente 1 em cada 10 empregados de empresas privadas.

No Brasil, a relevância do tema pode ser verificada com a introdução, por meio da Lei 12.973/2014, da hipótese de dedutibilidade para o Imposto de Renda da Pessoa Jurídica dos custos incorridos pela empresa ao conceder as *stock options* aos seus empregados, desde que este possua caráter remuneratório, como se verá adiante.

Algumas empresas multinacionais que atuam no Brasil adotam seus planos globais para os funcionários que aqui labutam. Tais planos geralmente são administrados pelas matrizes, seja porque não possuem capital aberto no Brasil ou porque preferem concentrar a gestão no exterior para poupar custos, já que normalmente nas matrizes há regras mais claras sobre os planos, tanto internamente como no âmbito da legislação local.

Para os fins deste artigo poderão ser utilizadas terminologias e vocábulos específicos sobre o tema, muitos deles em inglês, o que faz necessário lista-los de forma que o entendimento sobre o assunto fique mais claro. Além disso, o próprio significado desses termos em inglês já auxiliam a compreender melhor as características e conceitos envolvidos nas *stock options:*

---

[3] CURTIS, Carol E. ***Pay me in Stock Options: manage the options we have, win the options you want.***1ª edição. Estados Unidos: Wiley, 2001. p. 21.

"Granting": outorga do direito.

"Granting Period": período de concessão do futuro direito de aquisição de ações e/ou opções de ações pelos beneficiários.

"Vesting": carência.

"Vesting Period": período de carência em que a concessão do direito de exercer as ações ou opções está vinculada a condições para o exercício.

"Vesting Conditions": condições para elegibilidade e para a aquisição do direito de adquirir ações (i.e. permanência do empregado na empresa por um tempo determinado ou o atingimento de metas estabelecidas pela empresa).

"Exercise": exercício.

"Exercise Period": período de exercício das opções vestidas.

"Expiration date": prazo máximo para o beneficiário exercer a opção de compra da ação.

"Cashless": modalidade de aquisição de ação sem desembolso financeiro.

Como falado anteriormente, cada plano de ações possui características peculiares. Via de regra, o seguinte roteiro deve ser observado quando falamos em *stock options*:

(i)   assinatura dos plano de ações;

(ii) *vesting* do direito para receber as opções de comprar as ações;

(iii) *vesting* do direito de adquirir as ações;

(iv) exercício do direito de compra das ações (neste ato, geralmente, ocorre o recebimento das ações); e

(v)   a alienação das ações pelo beneficiário.

No ato da assinatura do *stock option*, o beneficiário não possui automaticamente o direito de comprar as ações da empresa. Há, na verdade, uma expectativa de direito, que só vai se materializar após o *vesting* fixado no instrumento.

2. Algumas Modalidades de Planos de Ações

Conforme visto acima, as *stock options* são opções de aquisição de ações concedidas por empresas a seus executivos, empregados-chave e/ou principais prestadores de serviços, com o objetivo de conceder a eles a oportunidade de, no longo prazo, obter a rentabilidade dos ganhos relacionados à geração de valor para a companhia. Algumas das modalidades de *stock options* mais comuns são:

(i) *Stock Option Plan (SOPs)*;
(ii) *Restricted Stock*;
(iii) *Employee Stock Purchase Plans; e*
(iv) *Phantom Stocks.*

Tendo em vista que os instrumentos de *stock option* possuem diversas particularidades, a depender da necessidade e objetivo de cada empresa, é difícil listar todas as formas atuais de planos de ações utilizadas. Em decorrência das inúmeras características que podem estar previstas em um plano de outorga de ações, listaremos e teceremos breves comentários sobre cada uma das modalidades acima descritas, focando, porém, nos temas polêmicos comuns às modalidades genéricas de *stock options*.

2.1. *Stock Option Plans (SOPs)*

As *stock option plans* são uma forma de aquisição ou subscrição de ações da empresa em um determinado período (*vesting*) e por um preço previamente determinado ou determinável (*exercise price*). Em outras palavras, trata-se de uma opção de compra de ações outorgada pela empresa aos beneficiários de um plano aprovado por ela. De acordo com Adriana Carrera Calvo[4]:

> *"O sistema de stock options consiste no direito de comprar lotes de ações por um preço fixo dentro de um prazo determinado. A empresa confere ao seu titular o direito de, num determinado prazo, subscrever ações da empresa para a qual trabalha ou na grande maioria da sua controladora no exterior, a um preço determinado ou determinável, segundo critérios estabelecidos por ocasião da outorga, através de um plano previamente aprovado pela assembleia geral da empresa".*

Por ser um instituto nascido nos EUA e, muitas vezes, ter a denominação em inglês utilizada por doutrinadores brasileiros, diversos dos nossos autores usam a definição de *stock option* prevista no *Barron's Dictionary of Legal Terms*, qual seja:

---

[4] CALVO, Adriana Carrera. **A natureza jurídica dos planos de opções de compra de ações no direito do trabalho – (*employee stock option plans*)**. Disponível em: [http://www.calvo.pro. br/default.asp?site_Acao=mostraPagina&PaginaId=3&mArtigo_acao=mostraArtigo&pa_ id=246]. Acesso em 07.06.2016.

"A outorga a um indivíduo do direito de comprar, em uma data futura, ações de uma sociedade por um preço especificado ao tempo em que a opção lhe é conferida, e não ao tempo em que as ações são adquiridas".

A falta de normas no Brasil sobre o tema ora em estudo torna as *stock options* um tanto quanto atípicas em nosso ordenamento. Como veremos adiante, a depender da característica do plano de ações e da sua respectiva natureza jurídica, haverá uma forma diferente de caracterizá-lo, podendo este ter natureza salarial ou natureza mercantil (de investimento).

O preço de exercício é na maioria das vezes o preço de mercado (ou patrimonial) da ação na data da concessão da opção, sendo comum conceder ao beneficiário um desconto ou um prêmio sobre o valor de mercado (ou patrimonial).

Importante destacar, nesse item – e já adiantando assunto que será analisado mais a frente –, que o valor do desconto ou prêmio, caso elimine por completo o risco da operação futura, implicará na gratuidade da concessão do plano, e tornará o plano de natureza remuneratória.

Nesse sentido, alguns autores tratam as *stock option* como uma expectativa de direito, já que as variações do mercado ou da situação da empresa podem influenciar no valor das ações no momento da outorga ou exercício da opção. Nessa linha, Sérgio Pinto Martins[5] diz que *"no ato em que é outorgado o benefício ao empregado, este não tem um direito, mas mera expectativa de direito de, no futuro, poder exercer o direito de compra de ações".*

Apesar da ausência de normatização especifica sobre o tema, a possibilidade de criação das *stock options* está contida no parágrafo 3º do artigo 168 da Lei das Sociedades Anônimas, que também traz os requisitos para a criação dos planos de ação:

"Art. 168. O estatuto pode conter autorização para aumento do capital social, independente de reforma estatutária.

(...)

§ 3º O estatuto pode prever que a companhia, dentro do limite de capital autorizado, e de acordo com plano aprovado pela assembleia geral, outorgue opção de compra de ações a seus administradores ou empregados, ou a pessoas naturais que prestem serviços à companhia ou a sociedade sob seu controle".

---

[5] MARTINS. Sérgio Pinto. **Direito do Trabalho.** 27ª edição. São Paulo: Atlas, 2011, pág. 251.

Como se percebe, a Lei das Sociedades Anônimas prevê algumas condições para criação dos *SOPs*. São elas:

(i) Capital autorizado;
(ii) Previsão expressa, no estatuto da empresa, da possibilidade de concessão da opção de ações a empregados; e
(iii) Aprovação do plano pela assembleia geral.

2.2. *Restricted Stocks*

A diferença básica desse tipo de plano de outorga de ações para os *SOPs* é que nas *restricted stocks* os beneficiários do plano recebem o direito de adquirir ações somente após atingir uma condição ou meta estabelecida previamente, geralmente após o *vesting period*.

Uma condição usualmente imposta pelas empresas em planos deste tipo é a obrigatoriedade do beneficiário permanecer vinculado à companhia por um período mínimo.

A título de exemplo, podemos citar uma empresa que concede um pacote de benefícios a um funcionário talentoso que pretenda reter. Além do salário e benefícios usuais, oferece também como parte de sua remuneração 1.000 *Restricted Stocks Units (RSUs)*. Se as ações da empresa estão avaliadas, naquele momento, a R$10,00 (dez reais) por ação, as *RSUs* valem, potencialmente, R$10.000,00 (dez mil reais) naquela oportunidade. Assim, para incentivar o funcionário a receber as 1.000 (mil) *RSUs*, a empresa estabelece um cronograma com *vesting* de 5 (cinco) anos para o recebimento dessas *RSUs*. Depois de 1 (um) ano de emprego, o empregado receberá 200 (duzentas) ações, depois de 2 (dois) anos, mais 200 (duzentas), e assim sucessivamente até que receba todas as 1.000 (mil) *RSUs* ao final dos 5 (cinco) anos.

2.3. *Employee Stock Purchase Plans (ESPP)*

As *Employee Stock Purchase Plans (ESPP)* diferem das outras duas modalidades de *stock options* acima descritas ao passo que utiliza deduções regulares dos salários dos beneficiários, de forma que o montante acumulado seja utilizado para adquirir ações da empresa.

O preço de aquisição, como nas demais modalidades, sofre um desconto predeterminado sobre o valor de mercado ou patrimonial da ação. Optando pelo exercício, o beneficiário poderá ser beneficiado ao vender suas ações no futuro por um valor acima daquele que pagou (deduziu-se).

2.4. *Phanton Stock Shares*

Sobre as *Phanton Stocks Shares*, o doutrinador e Juiz do trabalho, Sérgio Pinto Martins[6], explica que:

> *"O plano de ações fantasmas (phantom stocks) é estabelecido em sociedades anônimas de capital fechado. Estas não oferecem ações em bolsa de valores. É determinada uma unidade de valor, que será corrigida por indicadores de crescimento da empresa".*

O plano geralmente concede aos executivos e empregados a possibilidade de adquirir certos direitos patrimoniais, lastreados nas ações de emissão da companhia e baseados, à época da outorga, no valor patrimonial da ação.

Essa modalidade de plano normalmente não atribui aos seus titulares a condição de acionista da empresa ou o recebimento de dividendos, juros sobre o capital próprio ou qualquer outra remuneração decorrente da propriedade de ações, conferindo aos seus beneficiários apenas o direito pecuniário decorrente da valorização do valor patrimonial das ações, a ser liquidado em dinheiro.

Em outras palavras, as *phanton options* não obrigam a empresa a emitir ações para o cumprimento do plano. Sobre essa modalidade de *stock option*, Homero Batista Mateus da Silva[7] acrescenta que:

> *"muitas empresas fechadas praticam esse sistema, através de uma oscilação fictícia de valores, promovendo um plano virtual de ações. Os papeis entregues aos empregados (com ou sem custos, com ou sem garantia de recompra) seguem, então, uma variação teórica dos índices de crescimento da companhia, tal como se ela fosse uma sociedade aberta. Esse planejamento é conhecido pela expressão 'ação fantasma', no sentido de ação inexistente."*

Este tipo de plano é uma modalidade que, particularmente, vem sendo cada vez mais utilizado pelas empresas brasileiras de capital fechado.

3. Discussões sobre a Natureza Jurídica das *Stock Options* e suas Consequências para Fins Previdenciários

Por ser um instituto relativamente recente no mercado brasileiro, ainda sem legislação específica, diversos questionamentos surgem a respeito da

---

[6] MARTINS. Sérgio Pinto. **Direito do Trabalho.** 27ª edição. São Paulo: Atlas, 2011, pág. 248.

[7] SILVA. Homero Batista Mateus. **Curso de direito do trabalho aplicado Vol. 5 – Livro da remuneração.** 2ª edição. São Paulo: Revista dos Tribunais, 2015, pág. 176.

figura das *stock options*. O principal deles, e que vem inclusive despertando a atenção das autoridades fiscais e trabalhistas, é acerca da natureza jurídica das *stock options*.

Atualmente, há duas possibilidades de enquadramento das *stock option* no que diz respeito à sua natureza jurídica: (i) natureza salarial (remuneratória); ou (ii) natureza mercantil (de investimento).

A terminologia *remuneração* é muitas vezes utilizada de forma genérica para denominar os pacotes de incentivo baseados em ações, recebidos pelos executivos e/ou empregados. Ocorre que, juridicamente, essa terminologia muitas vezes pode não ser adequada àquele ou esse plano de outorga de ações implementado pela empresa.

Em linhas gerais, caso as *stock options* concedidas sejam consideradas um benefício concedido aos empregados dotado de natureza jurídica salarial (remuneratória), será necessário incluí-lo na base de cálculo de todas as verbas trabalhistas e encargos previdenciários.

Por outro lado, na hipótese de constatar-se que as *stock options* são um contrato de natureza mercantil (de investimento por parte do beneficiário), desvinculado do contrato de trabalho, os ganhos eventualmente auferidos por empregados e/ou executivos, quando da venda das ações adquiridas através do plano, não entrariam nas bases de cálculos de verbas trabalhistas e sociais.

Para analisar com mais precisão o tema relacionado à natureza legal das *stock options*, imperioso compreender melhor o significado de *remuneração*, do ponto de vista jurídico.

Mais uma vez citando Sérgio Pinto Martins[8], remuneração é:

> "*o conjunto de retribuições recebidas habitualmente pelo empregado pela prestação de serviços, seja em dinheiro ou em utilidades, provenientes do empregador ou de terceiros, mas decorrentes do contrato de trabalho, de modo a satisfazer suas necessidades básicas e as de sua família.*
>
> *(...)*
>
> *A remuneração não se confunde com a indenização, que, no Direito Civil, decorre da reparação de um dano. A indenização não tem por objetivo retribuir o trabalho prestado ou a disponibilidade ao empregador.*"

---

[8] MARTINS. Sérgio Pinto. **Direito da seguridade social**. 35ª edição. São Paulo: Atlas, 2015. p. 127.

As principais características de *remuneração*, na acepção jurídica da palavra, para fins do presente artigo, são:

(i) habitualidade;
(ii) quantificação e inexistência de risco; e
(iii) reciprocidade, ou seja, decorre da contraprestação dos atos do empregado/executivo.

Para fins trabalhistas, portanto, só os pagamentos que obrigatoriamente observarem **todas** as características acima serão caracterizados como compensação, inclusive para fins previdenciários.

O salário é, para o empregado, a certeza e a segurança de saber o quanto receberá no final do mês, pelos serviços prestados, sem estar sujeito às variações do mercado. Diferente do que ocorre, via de regra, com relação aos planos de outorga de ações.

A esse respeito, nos casos em que a outorga das *stock options* ocorrer em decorrência da ***performance* do beneficiário**, a concessão das ações pode ser considerada como remuneração (natureza salarial), em virtude da reciprocidade. Já em relação às concessões que não estiverem atreladas unicamente à *performance* individual do beneficiário, a característica reciprocidade não estaria presente e, dessa forma, não seria latente a caracterização como remuneração.

Atrelar a concessão de *stock options* à *performance* da empresa não implicaria na reciprocidade, pois a *performance* da empresa não depende apenas de um empregado/beneficiário, mas do conjunto de todos eles, dos atos da administração e das condições do mercado.

Desse modo, há argumentos para afirmar que, no caso de concessão de direitos de ações atrelada à *performance* da empresa, tal concessão não teria característica de remuneração e sim mercantil (de investimento).

Parcela relevante da doutrina[9] e da jurisprudência[10] trabalhista entende atualmente que a natureza dos planos de ações oferecidos pelas empresas

---

[9] Nesse sentido: CASSAR. Vólia Bomfim. **Direito do Trabalho.** 5ª edição. Niterói: Impetus, 2011, pág. 889 e GARCIA. Gustavo Filipe Barbosa. **Curso de Direito do Trabalho.** 10ª edição. Rio de Janeiro: Forense, 2016, pág. 417.

[10] Nesse sentido: Tribunal Regional do Trabalho (TRT). 1ª Região – 10ª Turma – Processo nº 0000513-08.2011.5.01.0073 – Rel. Des. Marcelo Antero de Carvalho – data de publicação: 11/4/2014; TRT 2ª Região – 11ª Turma – Processo nº 02707.2006.041.02.00-9 – Rel. Des.

OS PLANOS DE CONCESSÃO DE AÇÕES (*STOCK OPTIONS*) E SEUS PRINCIPAIS ASPECTOS

aos seus empregados é mercantil e, portanto, não deve ser considerado como parte da remuneração do empregado para fins trabalhistas.

No entanto, esse entendimento somente será verificado caso os seguintes requisitos sejam preenchidos:

(i) a adesão ao plano de compra de ações seja voluntária;

(ii) os profissionais/beneficiários **efetivamente comprem** (mediante pagamento de preço razoável) as ações; e

(iii) o plano de compra de ações não elimine ou neutralize o risco inerente do mercado financeiro.

Em outras palavras, caso as ações sejam concedidas aos beneficiários dos planos de outorga sem nenhum custo – ou mesmo a um custo irrisório –, serão elas dotadas de natureza salarial, remuneratória. Sobre esse tema, o doutrinador Homero Batista Mateus da Silva[11] afirma que:

> *"Sabe-se que alguns planos de oferta de ações são concebidos com custo zero para o empregado, que as recebe para, posteriormente, receber o valor pecuniário correspondente (...). A tendência é que a oferta a custo zero seja um aspecto em prol da natureza salarial, pois o empregado recebeu uma 'doação' do empregador".*

O Tribunal Superior do Trabalho (TST) já apontou pelo não reconhecimento da natureza salarial das *stock options*, porém, como já mencionado acima, reforçou que cada caso concreto necessita ser analisado para os fins específicos de definição de sua natureza jurídica. A saber:

> *"AGRAVO DE INSTRUMENTO. RECURSO DE REVISTA. COMPRA DE AÇÕES VINCULADA AO CONTRATO DE TRABALHO. "STOCK OPTIONS". NATUREZA NÃO SALARIAL. EXAME DE MATÉRIA FÁTICA PARA COMPREENSÃO DAS REGRAS DE AQUISIÇÃO. LIMITES DA SÚMULA 126/TST. As "stock options", regra geral, são parcelas econômicas vinculadas ao risco empresarial e aos lucros e resultados do empreendimento. Nesta medida, melhor se enquadram na categoria não remuneratória da participação em lucros e resultados (art. 7º, XI, da CF) do que no conceito, ainda que amplo, de salário ou remuneração. De par com isso,*

Dora Vaz Treviño – data de publicação: 31/3/2009; TRT 3ª Região – 8ª Turma – Processo nº 0001396-78.2011.5.03.0014 – Rel. Des. Denise Alves Horta – data de publicação: 18/5/2012.

[11] SILVA, Homero Batista Mateus. **Curso de direito do trabalho aplicado Vol. 5 – Livro da remuneração**. 2ª ed. São Paulo: Revista dos Tribunais, 2015, pág. 173.

a circunstância de serem fortemente suportadas pelo próprio empregado, ainda que com preço diferenciado fornecido pela empresa, mais ainda afasta a novel figura da natureza salarial prevista na CLT e na Constituição. De todo modo, torna-se inviável o reconhecimento de natureza salarial decorrente da possibilidade de compra de ações a preço reduzido pelos empregados para posterior revenda, ou a própria validade e extensão do direito de compra, se a admissibilidade do recurso de revista pressupõe o exame de prova documental – o que encontra óbice na Súmula 126/TST. Agravo de instrumento desprovido." (TST. AIRR nº 85740- 33.2009.5.03.0023. 6ª Turma. Rel. Min. Mauricio Godinho Delgado. Data da publicação: 04/02/2011).

"PRELIMINAR DE NÃO-CONHECIMENTO DO RECURSO DE REVISTA ARGUIDA EM CONTRA-RAZÕES. I. (...) STOCK OPTION PLANS. NATUREZA SALARIAL. Não se configura a natureza salarial da parcela quando a vantagem percebida está desvinculada da força de trabalho disponibilizada e se insere no poder deliberativo do empregado, não se visualizando as ofensas aos arts. 457 e 458 da CLT. (...)." (TST. RR nº 3273/1998-064-02-00. 4ª Turma. Rel. Min. Antônio José de Barros Levenhagen. Data da publicação: 31/03/2006).

Importante ressaltar que existem somente decisões isoladas proferidas pela justiça brasileira sobre as *stock options*, não havendo ainda, no âmbito judicial, um posicionamento pacífico sobre o tema. Existem decisões em ambos os sentidos quando se trata da natureza jurídica dos planos de concessão de ações.

O risco do negócio na operação entre o beneficiário do plano de outorga de ações e a empresa outorgante, na qual as ações dessa empresa podem valorizar ou não, faz com que o empregado tenha eventualmente prejuízo com a operação, ao ser incluído em um plano de *stock option*. É uma situação que, na maioria das vezes, foge do controle do empregador e do empregado/beneficiário, estando conexa ao mercado de capitais ou a valorização daquelas ações (companhia). Esse é um dos grandes argumentos utilizados por parte da doutrina com o objetivo de caracterizar as *stock options* como uma operação mercantil.

Entretanto, nota-se que as companhias adotam diferentes modelos de plano de incentivo baseado em ações e que, em alguns deles, resta totalmente descaracterizado o risco do empregado/beneficiário. Isso ocorre, por exemplo, nos casos em que as ações são outorgadas a custo zero ou a um valor muito abaixo do valor patrimonial, ou, ainda, quando o valor de resgate futuro já é prefixado.

Por essa razão, alguns planos de *stock options* acabam sendo descaracterizados pelas autoridades fiscalizatórias, para considerá-los como uma remuneração, conforme definido pela legislação trabalhista. Por consequência, como veremos adiante em capítulo próprio, ao invés de o empregado/beneficiário ser tributado pelo Imposto de Renda apenas sobre o ganho de capital eventualmente auferido na venda de suas ações, as autoridades exigem que a companhia reconheça esse ganho como remuneração e recolha o Imposto de Renda Retido na Fonte (IRRF) e as contribuições previdenciárias a cargo do empregado e do empregador, adicionada a multa correspondente.

No modelo padrão de pagamento baseado em ações (*SOPs*), o empregado adquire as ações da companhia em que trabalha, **assumindo o risco** relacionado à sua valorização. Ou seja, trata-se de **negócio mercantil**, no qual o empregado ou o executivo somente será remunerado se, na ocasião da venda das ações, tiver havido valorização. É uma forma de incentivo ao beneficiário para que ele gere valor à própria empresa com o seu trabalho e para que no longo prazo tenha um benefício como se acionista fosse.

A *remuneração*, do ponto de vista da legislação trabalhista, no entanto, é a simples contraprestação aos serviços prestados pelo empregado para a companhia, ou seja, é devida ao empregado sem que este tenha qualquer risco quanto ao seu recebimento. Nesse sentido, a Receita Federal do Brasil (RFB) tem intensificado a fiscalização sobre programas de *stock options* que estariam sendo criados com o único objetivo de efetivamente reduzir a carga tributária sobre a compensação total de empregados e executivos. O elemento principal que vem sendo utilizado pelas autoridades para a descaracterização do programa é a **falta de risco** para o empregado/beneficiário, que incorreria em nenhum custo (ou um custo muito baixo) para a aquisição das ações ou que saberia de antemão que teria um ganho considerável no futuro com a venda destas.

Sobre o tema, a opinião do professor e jurista Modesto Carvalhosa[12] é de que as *stock options* possuem natureza jurídica contratual, conceituadas da seguinte forma:

---

[12] CARVALHOSA, Modesto. **Comentários à Lei de Sociedades Anônimas**. 6ª edição. São Paulo: Saraiva, 2014. vol. 1.

> *"A opção de compra reveste-se de natureza contratual e personalíssima. (...) constitui contrato preliminar unilateral, celebrado entre a companhia de capital autorizado e os legitimados (empregados, administradores e terceiros contratantes), tendo por objeto a celebração de um contrato de subscrição ou de compra de ações, cuja efetivação dependerá apenas da vontade desses últimos."*

Na opinião do também professor Sérgio Pinto Martins[13], trata-se de ato imbuído de mercantilidade, sendo um contrato de natureza civil, apesar de ofertado somente para empregados das empresas. A saber:

> *"A natureza jurídica da opção de compra de ações é mercantil, embora feita durante o contrato de trabalho, pois representa mera compra e venda de ações. Envolve a opção um ganho financeiro, sendo até um investimento feito pelo empregado nas ações da empresa. Por se tratar de risco do negócio, em que as ações ora estão valorizadas ora perdem seu valor, o empregado pode ter prejuízo com a operação. É uma situação aleatória, que nada tem a ver com o empregador em si, mas com o mercado de ações. Não se pode dizer que se trata de um pagamento dissimulado ou disfarçado com o objetivo de não integração ao salário, pois o sistema não foi inventado por brasileiros, mas é observado, principalmente, nas grandes corporações americanas. Dessa forma, não é atraída a aplicação do art. 9º da CLT, no sentido de que o empregador teria por objetivo desvirtuar, impedir ou fraudar preceitos trabalhistas, principalmente o pagamento de natureza salarial."*

Como podemos notar, o tema da natureza jurídica das *stock options* é complexo e desperta controvérsias até mesmo entre os mais renomados juristas e doutrinadores e, também, como se verá, nas esferas administrativas e judiciárias.

3.1 As modalidades de *stock options* e sua natureza jurídica

Ao analisarmos a questão da natureza jurídica em relação a cada uma das modalidades de planos descritas no Capítulo 2, notamos a existência de divergências em razão das peculiaridades de cada um deles.

No caso dos *SOPs* e *ESPPs*, nos quais o empregado/executivo/prestador de serviços adquire as ações da empresa mediante o pagamento de um preço (onerosidade), há uma série de decisões que corroboram o entendimento de que a concessão de *SOPs* não pode ser considerada parte da

---

[13] MARTINS, Sergio Pinto. **Natureza do Stock Option no Direito do Trabalho.** São Paulo: Thomson IOB, 2005. Pag. 3.

remuneração, em razão da possível variação no valor de mercado das ações e considerando que o beneficiário claramente **pode ou não** obter um ganho como resultado da sua inclusão no plano de incentivo.

Analisaremos, mais a frente, as decisões judiciais e administrativas sobre o assunto, porém, genericamente, quando os julgadores concluíram que um plano havia sido concedido com o investimento do empregado que teria assumido risco neste investimento, tal plano não foi considerado como remuneração, impossibilitando a cobrança dos encargos trabalhistas e sociais sobre esse montante.

Como também veremos, de acordo com decisões recentes – lembrando que há decisões favoráveis para os dois lados, contribuinte e fisco – o principal elemento para definir se a concessão de um plano de outorga de ações deve ser tratado como remuneração ou não é o elemento risco/investimento. Se comprovado que, de fato, esse risco existe, não se deve tratar as *stock options* como remuneração.

Já em relação aos planos de *stock options* nos quais, via de regra, não há investimento por parte dos beneficiários (tais quais o *Phanton Shares* e *Restricted Stock Units*), a situação é o inverso. Esta modalidade de plano de incentivo está geralmente atrelada à *performance* do empregado/beneficiário. Portanto, suas peculiaridades, via de regra, fazem com que os planos sejam considerados como de natureza remuneratória. Ademais, por também serem geralmente concedidos de forma habitual, autoridades têm considerado esses tipos de planos como uma forma de *remuneração*.

3.2. Impactos previdenciários gerados pela natureza jurídica remuneratória das *stock options*

Diante do exposto no item anterior, imperioso que se verifique a natureza jurídica das *stock options* para verificar se elas se enquadram entre os contratos de trabalho salariais ou em uma operação meramente mercantil, de forma que só incidirão as contribuições previdenciárias e encargos trabalhistas quando confirmada a primeira hipótese (acerca da tributação, veremos em capítulo próprio as diferenças nestes dois casos).

A tendência hoje é que as autoridades cada vez mais se debrucem sobre os planos de outorga de ações, tanto em razão das dúvidas geradas pela falta de leis aplicáveis ao tema, quanto em razão do aumento no número de empresas que vêm utilizando o mecanismo como forma de compensar e reter seus talentos.

Da mesma forma que na esfera trabalhista, as autoridades também administrativas entendem que o valor auferido das ações recebidas pelos profissionais beneficiários dos planos de *stock options* sem nenhum custo ou risco financeiro tem natureza jurídica de remuneração e, dessa maneira, deve integrar a base de cálculo da contribuição previdenciária, tanto do segurado empregado e contribuinte individual, como também da empresa.

Nesse sentido é o entendimento do Conselho Administrativo de Recursos Fiscais (CARF), do Ministério da Fazenda, nos casos abaixo colacionados:

"PREVIDENCIÁRIO – CUSTEIO – AUTO DE INFRAÇÃO – OBRIGAÇÃO PRINCIPAL – EMPREGADOS E CONTRIBUINTES INDIVIDUAIS – PLANO DE OPÇÃO PARA COMPRA DE AÇÕES – STOCK OPTIONS – NATUREZA SALARIAL – DESVIRTUAMENTO DA OPERAÇÃO MERCANTIL – CARACTERÍSTICAS DOS PLANOS AFASTAM O RISCO. Em ocorrendo o desvirtuamento do stock options em sua concepção inicial, seja, pela adoção de política remuneratória na forma de outorga de ações, possibilidade de venda antecipada, estabelecimento do custo de R\$1,00, correlação com o desempenho para manutenção de talentos, fica evidente a intenção de afastar (ou minimizar) o risco atribuído ao próprio negócio, caracterizando uma forma indireta de remuneração. Na maneira como executado, como a minimização do risco pelo baixo custo e possibilidade de venda, sem nem mesmo ter o direito a totalidade das ações, passa a outorga de ações a transparecer, que a verdadeira intenção era ter o trabalhador a opção de GANHAR COM A COMPRA DAS AÇÕES. Não fosse essa a intenção da empresa, por qual motivo a recorrente teria estabelecido valores tão baixos. Correta a indicação de base de cálculo como o ganho real, (diferença entre o preço de exercício, previamente estipulado, e o preço de mercado no momento da compra de ações.) desde que constatado a natureza salarial da verba. PLANO DE OPÇÃO PELA COMPRA DE AÇÕES – STOCK OPTIONS – PARA OCORRÊNCIA DO FATO GERADOR INDEPENDE SE AS AÇÕES FORAM VENDIDAS A TERCEIROS. O fato gerador no caso de plano de stock options ocorre com o efetivo exercício do direito de adquirir ações, posto que, constatado o ganho do trabalhador, mesmo que não tenha havido a efetiva venda a terceiros. Para efeitos de aferir a natureza salarial do benefício, não há necessidade de que o trabalhador tenha recebido dinheiro, mas qualquer ganho auferido, mesmo na forma de utilidades, pode constituir remuneração e por consequência salário de contribuição para efeitos previdenciários. IDENTIFICAÇÃO DO FATO GERADOR – DATA DA CARÊNCIA ANTECIPADA INDEPENDENTE DO EXERCÍCIO DAS AÇÕES – VÍCIO NO LANÇAMENTO. O fato gerador de contribuições previdenciárias em relação ao plano de

OS PLANOS DE CONCESSÃO DE AÇÕES (*STOCK OPTIONS*) E SEUS PRINCIPAIS ASPECTOS

Stock Options ocorre pelo ganho auferido pelo trabalhador (mesmo que na condição de salário utilidade), quando o mesmo exerce o direito em relação as ações que lhe foram outorgadas. Improcedente o lançamento quando parte a autoridade fiscal de uma premissa equivocada de que o fato gerador no caso de stock options seria a data de vencimento da carência, independentemente do exercício das ações. Não há como atribuir ganho, se não demonstrou a autoridade fiscal, o efetivo exercício do direito de ações." (CARF. 2ª Seção de Julgamento. 4ª Câmara. 1ª Turma Ordinária. Processo n. 16327.721267/2012-33. Acórdão n. 2401-003.891. Relatora Elaine Cristina Monteiro e Silva Vieira. Sessão de 11/2/2015).

No mesmo sentido entendeu o Tribunal Regional do Trabalho (TRT) da 1ª Região. Confira-se:

"O oferecimento de ações da empresa ao empregado sem qualquer custo caracteriza a natureza salarial do benefício 'Stock Option', a justificar a incidência da contribuição previdenciária sobre a referida parcela." (TRT 1ª Região. 6ª Turma. Processo n. 0098200-05.2003.5.01.0060. Relator Des. Theocrito Borges dos Santos Filho. data de publicação: 28/2/2011)

Abaixo, outros exemplos de decisões proferidas pelo CARF em casos nos quais decidiu-se que o pagamento baseado em ações deveriam integrar o salário contribuição e sofrer a incidência das contribuições previdenciárias:

*"OBRIGAÇÃO TRIBUTÁRIA PRINCIPAL. DESCUMPRIMENTO. LANÇAMENTO. CONTRIBUIÇÃO PREVIDENCIÁRIA. SALÁRIO DE CONTRIBUIÇÃO. PARCELA INTEGRANTE. REMUNERAÇÃO. STOCK OPTIONS. INTEGRAÇÃO. Salário de Contribuição são as remunerações pagas, devidas ou creditadas a qualquer título, durante o mês, aos segurados empregados e trabalhadores avulsos que lhe prestem serviços, destinadas a retribuir o trabalho, qualquer que seja a sua forma, inclusive as gorjetas, os ganhos habituais sob a forma de utilidades e os adiantamentos decorrentes de reajuste salarial, quer pelos serviços efetivamente prestados, quer pelo tempo à disposição do empregador ou tomador de serviços, nos termos da lei ou do contrato ou, ainda, de convenção ou acordo coletivo de trabalho ou sentença normativa. No presente caso a concessão de "stock options" (SO) **aos segurados a serviço da contribuinte devem integrar o salário de contribuição, pois foram concedidos pelo trabalho do segurado**, integraram-se ao patrimônio do segurado e não podem ser conceituados como oriundos de negócio mercantil."* (CARF. 3ª Câmara. 1ª

Turma. Processo 10980.728541/201213. Acórdão nº 2301004.282. Sessão: 20 de janeiro de 2015) (grifos nossos).

"CONTRIBUIÇÃO PREVIDENCIÁRIA. SALÁRIO DE CONTRIBUIÇÃO. PARCELA INTEGRANTE. REMUNERAÇÃO. STOCK OPTIONS. INTEGRAÇÃO.

Salário de Contribuição, para o contribuinte individual, é a remuneração auferida em uma ou mais empresas ou pelo exercício de sua atividade por conta própria, durante o mês.

*No presente caso a concessão de "stock options" aos segurados contribuintes individuais a serviço do sujeito passivo **devem integrar o salário de contribuição, pois foram concedidos pelo trabalho do segurado, integraram-se ao patrimônio do segurado e não podem ser conceituados como oriundos de negócio mercantil, pois ausente risco.** (...)"* (CARF. 3ª Câmara. 1ª Turma Ordinária. Processo nº 15889.000245/201046. Acórdão nº 2301003.597. Sessão de 20 de junho de 2013) (grifos nossos).

Como podemos notar, nos casos acima mencionados, a discussão basicamente gira em torno da caracterização ou não das *stock options* como remuneração (integração do salário), que é o fato gerador do Imposto de Renda Retido na Fonte (IRRF) e das contribuições previdenciárias sobre a folha.

No modelo padrão de pagamento baseado em ações o empregado/executivo adquire ações da companhia **assumindo o risco relacionado à sua valorização,** tratando-se de negócio mercantil, no qual somente será remunerado se na ocasião da venda das suas ações tiver havido valorização. Ou seja, é um incentivo ao beneficiário para que gere valor à empresa na qual trabalha, com o seu trabalho, para que no longo prazo tenha um benefício como se acionista fosse.

Dito isso, passa-se a analisar os elementos para tributação nos casos de *stock options* caracterizadas como remuneração, quais sejam: fato gerador, base de cálculo e alíquota.

Não há um consenso entre as autoridades acerca da base de cálculo no caso de *stock options* consideradas como remuneração. Autoridades fiscalizatórias podem entender que a base de cálculo é o valor da ação no momento do *granting* (concessão), do *vesting* (término da carência) ou do exercício. Pode-se considerar, ainda, que a base de cálculo é a diferença entre o valor do *granting* e do exercício, dependendo da estrutura do plano.

Parte da jurisprudência entende que a base de cálculo é meramente especulativa, ou seja, não aplicável na incidência de contribuições previdenciárias. A base de cálculo especulativa é fictícia e arbitrária, o que não se admite em direito tributário.

No emblemático caso Cosan, apreciado pelo CARF[14] e cuja ementa foi acima transcrita, o conselheiro relator observou que a base de cálculo das contribuições previdenciárias que incidiriam sobre os planos de *stock option* seria especulativa por causa da variação do preço das ações no mercado de capitais e porque parte dos beneficiários teria permanecido com as ações.

Diante disso, estar-se-ia diante da hipótese de incidência tributária não aperfeiçoada, pois o eventual ganho dos beneficiários poderia posteriormente se tornar uma perda se as ações se desvalorizassem no momento da alienação. Abaixo, a manifestação do relator no que se refere a esse tópico:

> *"Ademais, não posso deixar de manifestar a minha preocupação com a forma como foi determinada a base de cálculo das contribuições previdenciárias no caso concreto,* ***a qual resultou da diferença existente entre o valor da ação no mercado, no momento em que foi exercida a opção de compra e o valor de aquisição pelos segurados.***
>
> *O problema dessa sistemática é que além de, na minha visão, não ter ocorrido o fato gerador das contribuições,* ***a base de cálculo é especulativa, pois além de não confirmar a relação jurídica tributária, já que essa não ocorreu, toma por base uma expectativa futura de ganho, o qual pode ou não ocorrer, já que depende de posterior alienação das ações por parte do segurado e que estas sejam avaliadas no mercado por valor acima daquele pago quando da aquisição."*** (grifos nossos)

Para a conselheira relatora Elaine Cristina Monteiro e Silva Vieira, do também emblemático caso ALL, analisado e julgado pelo CARF[15] – cuja natureza mercantil do plano de outorga de ações foi afastada, resumidamente, devido a (i) ausência de risco para o beneficiário; (ii) intenção de

---

[14] CARF. 1ª Turma. 3ª Câmara. 2ª Seção. Processo Administrativo nº 15889.000245/2010-46. Conselheiro Relator Dr. Adriano Gonzales Silveiro. Acórdão nº 2.301-003.597. Sessão de julgamento de 20.07.2013.

[15] CARF. 1ª Turma. 4ª Câmara. 2ª Seção. Processo Administrativo nº 10980.724030/2011-33. Conselheira Relatora Dra. Elaine Cristina Monteiro e Silva Vieira. Acórdão nº 2401-003.044. Sessão de julgamento de 18.07.2013.

STOCK OPTIONS

retenção de talentos e (iii) vinculação ao desempenho individual de cada beneficiário –, o fato gerador da contribuição previdenciária no caso das *stock options* da concessionária de ferrovias nasceria com a outorga das ações aos beneficiários, nos termos do trecho abaixo reproduzido:

> *"Acredito que, no momento em que houve o direito de opção (com a efetiva outorga) pelas ações ocorreu, sim, o fato gerador, mesmo que não tenha havido a efetiva venda a terceiro, pois naquela oportunidade ele integralizou a efetiva compra das ações sobre o preço de exercício, valor inferior naquela oportunidade ao preço de mercado, representando um ganho direto do trabalhador.* Conforme demonstrado acima, houve o desvirtuamento do stock options em sua natureza inicial, qual seja, mera operação mercantil, razão pela qual o auditor procedeu ao lançamento do ganho real (diferença entre o preço de exercício e o preço de mercado no momento da opção pela compra de ações). Não tivessem ocorrido ditos fatos não se discutiria a ocorrência do fato gerador, visto que não restaria caracterizada a remuneração indireta.*
>
> *Afasto, dessa forma, o argumento de que eventual diferença entre o valor da ação no pregão da Bolsa e o valor da ação pago pelo beneficiário do Plano de Opção de Compra de Ações da recorrente seria irrelevante e imprestável para a cobrança do tributo. Pelo contrário, **ao fornecer o benefício ao trabalhador, inclusive com a possibilidade de venda, sem nem mesmo ter completado o prazo de carência determinado, ofertou a recorrente ao trabalhador um ganho indireto, cuja definição da base de cálculo deu-se sobre o ganho auferido pelo beneficiário.***
>
> *(...)*
>
> *Ademais, também afasto o argumento de que o fato gerador (se existisse) só se daria no momento da venda a terceiros. O momento da ocorrência do fato gerador deu-se com a concretização da opção, auferindo um ganho indireto (o direito de compra). Não podemos dizer que se dará apenas com a venda, pois poderemos nos deparar com situações em que o empregado nunca realizasse essa venda."* (grifos nossos)

Outro caso simbólico que também merece ser trazido para fins de análise de qual é o momento do fato gerador é o caso Global GVT[16]. Neste caso, também analisado e julgado pelo CARF, o conselheiro relator, Ronaldo de Lima Macedo, entendeu que devido a, principalmente, ausência de risco

---

[16] CARF. 2ª Turma. 4ª Câmara. 2ª Seção. Processo Administrativo nº 11624.720210/2012-49. Conselheiro Rel. Ronaldo de Lima Macedo. Acórdão nº 2402-004-480. Sessão de julgamento de 20.01.2015.

para os beneficiários, *"a forma de concessão de opção de subscrição de ações da recorrente, cognominada de* stock options, *não se encontra em perfeita consonância com a concepção conceitual ou doutrinária"*.

No tocante ao fato gerador da contribuição previdenciária, os julgadores deste caso, por maioria de votos, decidiram que o fato gerador nasceria **com a outorga das ações aos funcionários (ganho indireto)**. De acordo com os conselheiros julgadores:

> *"Cumpre esclarecer, novamente, que o simples ganho conceitual pela outorga de ações não constitui salário de contribuição, uma vez que se trata de operação mercantil. Contudo, na forma como foi materializada pela recorrente, afastando os riscos inerentes ao negócio jurídico, comuns nas compras de ações, isso representou, na realidade, um ganho na forma de salário-utilidade (remuneração indireta).*
>
> *Ademais, também afasto o argumento de que o fato gerador (se existisse) só se daria no momento da venda a terceiros. O momento da ocorrência do fato gerador deu-se com a concretização da opção, transferência da titularidade da ação (aspecto temporal e material do fato gerador), auferindo um ganho indireto (o direito de compra). **Não podemos dizer que se dará apenas com a venda, pois poderemos nos deparar com situações em que o empregado nunca realizasse essa venda, mas possua o 'bem' (direito à ação), direito esse concedido, como no presente caso, pela contraprestação de serviços**."* (grifos nossos)

No que diz respeito às alíquotas aplicáveis, o artigo 22 da Lei 8.212 de 24 de julho de 1991 prevê que a contribuição a cargo da empresa, destinada à Seguridade Social, incide à alíquota de 20% (vinte por cento) sobre a remuneração paga aos seus empregados (excetuadas as isenções específicas previstas em lei: i.e. ganhos eventuais).

No que se refere às contribuições devidas à Seguridade Social recolhidas pelos empregados, há previsão de tributação com base em uma tabela progressiva publicada pelo Ministério da Previdência Social, cujas alíquotas variam de 8% (oito por cento) a 11% (onze por cento), dependendo do salário, limitado, atualmente, ao valor máximo de R$ 5.189,82 (cinco mil, cento e oitenta e nove reais e oitenta e dois centavos)[17].

---

[17] TRABALHO E PREVIDENCIA SOCIAL. Disponível em: [http://www.mtps.gov.br/servicos-do-ministerio/servicos-da-previdencia/mais-procurados/calculo-de-guia-da-previdencia-social-carne/tabela-de-contribuicao-mensal]. Acesso em 20.06.2016.

Empresas contratantes de indivíduos como empregados também deverão recolher as contribuições sociais devidas à terceiros, cuja alíquota varia dependendo do grau de risco da atividade principal da pessoa jurídica.

Portanto, a alíquota de contribuição previdenciária a cargo da empresa (patronal) é de 20% (vinte por cento) sobre valores pagos como remuneração aos empregados, podendo chegar a 30% (trinta por cento), a depender da categoria da empresa.

Em caso de autuação das empresas que utilizam planos de outorga de ações de forma desvirtuada, as autoridades poderão exigir o pagamento das contribuições previdenciárias incidentes sobre os benefícios considerados como remuneração, acrescida de multa que varia de 75% (setenta e cinco por cento) a 150% (cento e cinquenta por cento), além de juros atrelados à Sistema Especial de Liquidação e de Custódia (Selic).

A eventual denúncia espontânea pela empresa excluirá a aplicação da multa de 75% (setenta e cinco por cento) a 150% (cento e cinquenta por cento). Já em relação à multa de 20% (vinte por cento) incidente sobre pagamento de contribuições previdenciárias em atraso, há precedentes judiciais no sentido de que esta multa não se aplica com a apresentação da denúncia espontânea.

Recentemente, o Tribunal Regional Federal (TRF) da 3ª Região confirmou decisão proferida em 1ª instância[18] em favor do contribuinte, que determinou a não incidência das contribuições previdenciárias sobre o fornecimento de direitos atrelados a ações. De acordo com o desembargador federal Andre Nekatschalow:

> *"A compra de ações da empresa pelo empregado cria uma relação jurídica contratual. Portanto, o valor final obtido não decorre da remuneração em recompensa à força de trabalho do empregado, mas sim de um contrato mercantil.*
>
> *Assim, não é possível considerar como remuneração decorrente do trabalho e, consequentemente, não se submete à incidência da contribuição previdenciária."* (TRF. 3ª Região, AI n. 0004200-06.2015.4.03.0000. Relator Des. Marcelo Saraiva. Data do julgamento: 25.03.15).

A decisão de 1ª instância já havia entendido que o elemento risco não foi removido pelo fato de o beneficiário receber ações sem desembolso,

---

[18] TRT. 3ª região. Processo nº 0021090-58.2012.4.03.6100, 10ª Vara Federal da Subseção Judiciária de São Paulo. Disponibilização no Diário Eletrônico em 29.10.2013, p. 74-94.

tendo em vista a possibilidade de flutuação do mercado gerar tanto lucro como prejuízo ao empregado no futuro.

Relevante anotar que, dos processos até agora analisados pelo CARF em relação ao tema *stock options*, apenas o caso Sadia teve desfecho favorável à empresa. A Sadia (atual BRF) conseguiu comprovar que o benefício aos empregados era opcional e que os valores das ações outorgadas eram de mercado. Dessa forma, foi reconhecida a natureza mercantil do plano, já que o risco do investimento era do beneficiário. Vide abaixo a ementa do caso:

> *CONTRIBUIÇÕES SOCIAIS PREVIDENCIÁRIAS Exercício: 2006, 2007, 2008 STOCK OPTION PLANS. PLANO OPÇÃO DE COMPRA DE AÇÕES SEM PARTICIPAÇÃO FINANCEIRA DA EMPREGADORA. NATUREZA NÃO REMUNERATÓRIA. NÃO INCIDÊNCIA DE CONTRIBUIÇÕES PREVIDENCIÁRIAS. Nos casos de opção de compra de ações das empregadoras pelos empregados ou diretores sem apoio financeiro daquelas, mediante preço representativo ao de mercado, não considera-se remuneração, nem fato gerador de contribuições previdenciárias, pois representam apenas um ato negocial da esfera civil/empresarial. AFERIÇÃO INDIRETA. ARBITRAMENTO DE BASE DE CÁLCULO. DESCONSIDERAÇÃO DE ATO NEGOCIAL PRIVADO. NECESSIDADE DE DEMONSTRAÇÃO DE FUNDAMENTAÇÃO E CRITÉRIOS DE APURAÇÃO. VÍCIO MATERIAL. NULIDADE. Trata-se de aferição indireta ou arbitramento da base de cálculo quanto a fiscalização utiliza uma ficção ou presunção da ocorrência do fato gerador, cabível apenas quando não merecer fé a documentação apresentada ou dificuldades de sua obtenção. Deve ainda indicar e fundamentar a aplicação do preceito legal que autorizam tais métodos de apuração, artigos 148, do CTN, e art. 33, §6º, da Lei n. 8212/1991. Desobediência pela fiscalização de tais exigências, gera vícios materiais do ato de constituição do crédito e sua nulidade. Recurso Voluntário Provido – Crédito Tributário Exonerado* (CARF. 3ª Turma. 3ª Câmara. 2ª Seção. Processo 10925.723207/2011-49. Data do julgamento: 05/11/2014).

Lembramos que os posicionamentos emitidos pelo CARF sobre a matéria são aplicáveis somente àquele caso concreto que está sendo analisado, devido ao caráter não vinculante das decisões proferidas pelo órgão. Não obstante, obviamente os casos já julgados servirão de parâmetro para os futuros casos envolvendo a concessão de *stock options*.

4. Impactos Tributários

Expostas acima as principais questões relacionadas à natureza jurídica das *stock options*, bem como seus principais impactos trabalhistas e previdenciários, passamos a analisar os impactos tributários que as diferentes intepretações sobre a natureza legal das *stock options* acarretam.

Como visto, os planos de outorga de ações são, normalmente, operações mercantis celebradas entre os beneficiários dos planos e as empresas onde trabalham, com o objetivo principal de engajar esse beneficiário no crescimento da empresa, de forma que a valorização da companhia – e consequentemente, das suas ações – beneficie, além da empresa, o profissional/beneficiário que faz parte do plano de outorga de ações.

Como também exposto, tais planos podem, eventualmente, ser descaracterizados e considerados como parte da remuneração dos beneficiários/empregados. Diante desses cenários, analisaremos a seguir as consequências tributárias decorrentes desses entendimentos contrapostos.

4.1. Impactos tributários no caso de caracterização da natureza salarial das *stock options*

O artigo 43 do Decreto 3.000 de 26 de março de 1999 (Regulamento do Imposto de Renda – RIR) dispõe acerca da tributação dos rendimentos provenientes do trabalho assalariado. A saber:

> *"São tributáveis os rendimentos provenientes do trabalho assalariado, as remunerações por trabalho prestado no exercício de empregos, cargos e funções, e quaisquer proventos ou vantagens percebidos, tais como:*
>
> *I – salários, ordenados, vencimentos, soldos, soldadas, vantagens, subsídios, honorários, diárias de comparecimento, bolsas de estudo e de pesquisa, remuneração de estagiários;*
>
> *II – férias, inclusive as pagas em dobro, transformadas em pecúnia ou indenizadas, acrescidas dos respectivos abonos;*
>
> *III – licença especial ou licença-prêmio, inclusive quando convertida em pecúnia;*
>
> *IV – gratificações, participações, interesses, percentagens, prêmios e quotas-partes de multas ou receitas;*
>
> *(...)*
>
> *XIII – as remunerações relativas à prestação de serviço por:*
>
> *(...)*
>
> *b) conselheiros fiscais e de administração, quando decorrentes de obrigação contratual ou estatutária;*

c) diretores ou administradores de sociedades anônimas, civis ou de qualquer espécie, quando decorrentes de obrigação contratual ou estatutária"

Verifica-se, pelo Artigo supratranscrito que, para fins de Imposto de Renda (IR), são tributáveis as verbas relacionadas ao trabalho assalariado ou a serviços prestados. Desta forma, caso um plano de *stock option* concedido a um beneficiário tenha natureza remuneratória, nos termos anteriormente expostos, sobre o valor pago aos profissionais incluídos no plano deverá incidir Imposto de Renda Retido na Fonte (IRRF) pela tabela progressiva abaixo[19], nos termos do RIR:

Tabela: Alíquota Progressiva IRRF

BASE DE CÁLCULO (R$)	ALÍQUOTA (%)
Até 1.903,98	-
De 1.903,99 até 2.826,65	7,5
De 2.826,66 até 3.751,05	15
De 3.751,06 até 4.664,68	22,5
Acima de 4.664,68	27,5

Como consequência, no caso de *stock options* cuja natureza seja remuneratória, no momento da disponibilidade das ações aos beneficiários, a empresa deverá fazer (i) a retenção na fonte do IR – à alíquota que pode variar entre 7,5% (sete e meio por cento) e 27,5% (vinte e sete e meio por cento) – incidente sobre o valor de desconto das ações (ou sobre o valor total das ações, caso o beneficiário não tenha custo na aquisição das ações); (ii) o pagamento da contribuição previdenciária por conta dos beneficiários – 11% (onze por cento); (iii) bem como o recolhimento da contribuição previdenciária a cargo da empresa – 20% (vinte por cento). Além disso, é claro, deverão ser calculados os encargos trabalhistas sobre tal valor (FGTS, 13º salário, etc.).

---

[19] RECEITA FEDERAL DO BRASIL. Disponível em: [http://idg.receita.fazenda.gov.br/acesso-rapido/tributos/irpf-imposto-de-renda-pessoa-fisica]. Acesso em 20.06.2016.

Posteriormente, como veremos no próximo subcapítulo, no momento da alienação das ações pelo beneficiário, o ganho obtido por ele estará sujeito ao imposto de renda sobre referido ganho de capital, caso tenha sido verificado lucro na operação, à alíquota de, atualmente, 15% (quinze por cento), e que a partir do ano de 2017 poderá chegar a 22,5% (vinte e dois e meio por cento)[20] dependendo do valor envolvido.

Caso uma empresa venha a ser autuada em decorrência da tentativa de disfarçar a remuneração de seus empregados por meio da concessão de planos de outorga de opções de ações, além do imposto de renda retido na fonte à alíquota de, geralmente, 27,5% (vinte e sete e meio por cento), a empresa estará sujeita ao pagamento de multa de até 150% (cento e cinquenta por cento) sobre o valor não recolhido. A esse respeito vide abaixo ementa da decisão do CARF:

> *"IRPJ Ano-calendário: 2006, 2007. Multa qualificada. De conformidade com a legislação tributária, especialmente art. 44, I, § 1º, da Lei 9.430/1996, c/c Súmula 14 do CARF, a qualificação da multa de ofício, ao percentual de 150% (cento e cinquenta por cento), condiciona-se à comprovação, por parte da fiscalização, do evidente intuito de fraude do contribuinte. Assim não o tendo feito, não prospera a qualificação da multa, fundamentos que, isoladamente, não se prestam à aludida imputação, consoante jurisprudência deste Colegiado. Multa isolada. Falta de retenção. Configurada a falta de retenção do imposto sobre a renda na fonte em data posterior ao prazo fixado para a entrega da DIRPF, é cabível a aplicação da multa isolada, pelo cumprimento da referida obrigação, com percentual de 75%, não prosperando a qualificação da multa"* (CARF. 1ª Seção. 1ª Câmara. 1ª Turma. Acórdão nº 1101-001.026. Julgamento realizado em 06.01.2014).

4.2. Tributação da Pessoa Física pelo Imposto de Renda nos casos de *stock options* de natureza mercantil

O sujeito passivo em uma transação de *stock options* é a pessoa física, sendo ele, o beneficiário, o responsável por estabelecer o crédito tributário resultante de sua adesão àquele plano de *stock option*.

Cabe à pessoa física beneficiária do plano de ações constatar a ocorrência do fato gerador, verificar a alíquota aplicável e, finalmente, calcular o montante do tributo devido. Já a autoridade administrativa deverá

---

[20] PRESIDÊNCIA DA REPÚBLICA. Disponível em [http://www.planalto.gov.br/ccivil_03/_Ato2015-2018/2016/Lei/L13259.htm]. Acesso em 18.06.2016.

homologar a constituição do crédito tributário decorrente do *stock option* e constituir o correspondente lançamento tributário caso as informações do contribuinte estejam lançadas de forma acurada.

O fato gerador do Imposto de Renda é verificado com a efetiva disponibilidade econômica ou jurídica da renda e dos proventos de qualquer natureza. É esse o teor do artigo 43 do Código Tributário Nacional (CTN):

> *"Art. 43. O imposto, de competência da União, sobre a renda e proventos de qualquer natureza tem como fato gerador a aquisição da disponibilidade econômica ou jurídica:*
>
> *I – de renda, assim entendido o produto do capital, do trabalho ou da combinação de ambos;*
>
> *II – de proventos de qualquer natureza, assim entendidos os acréscimos patrimoniais não compreendidos no inciso anterior."*

A jurisprudência e a doutrina são pacíficas no sentido de que o fato gerador do imposto de renda da pessoa física é a disponibilidade econômica da renda, sob o regime de caixa, de acordo com o parágrafo 3º, do artigo 3º, da Instrução Normativa RFB nº 1.500, de 29 de outubro de 2014:

> *"Art. 3º Constituem rendimentos tributáveis todo o produto do capital, do trabalho ou da combinação de ambos, os alimentos e pensões percebidos em dinheiro e, ainda, os proventos de qualquer natureza, assim também entendidos os acréscimos patrimoniais não correspondentes aos rendimentos declarados.*
>
> *(...)*
>
> *§3º Sem prejuízo do ajuste anual, se for o caso, os rendimentos serão tributados no mês em que forem recebidos, considerados como tal o da entrega dos recursos pela fonte pagadora, mesmo mediante depósito em instituição financeira em favor do beneficiário."*

Em outras palavras, registram-se receitas e despesas quando estas forem efetivamente recebidas ou pagas[21].

Feita essa breve introdução conceitual acerca da sistemática da tributação, passamos a analisar as questões ligadas ao fato gerador, base de cálculo e alíquota do IRPF.

Como vimos no capítulo anterior, um ponto de extrema dificuldade quando falamos de *stock options* é a identificação do fato gerador do Imposto

---

[21] A respeito dos regimes de caixa e competência no direito tributário, vide: Recurso Extraordinário nº 614.406, de relatoria da Min. Rosa Weber, sessão de 23.10.2014; e Recurso Extraordinário nº 611.586, de relatoria do Min. Joaquim Barbosa, sessão de 10.04.2013.

de Renda Pessoa Física, a sua base de cálculo e a alíquota aplicável. Na esteira do que foi exposto, as conclusões a respeito do fato gerador do imposto de renda nas *stock options* poderão variar de acordo com a modalidade do plano adotado por cada empresa. Não obstante, independente do tipo do plano adotado pela empresa, sempre aplicar-se-á o disposto nos artigos 116 e 117 do CTN:

> *"Art. 116. Salvo disposição de lei em contrário, considera-se ocorrido o fato gerador e existentes os seus efeitos:*
>
> *I – tratando-se de situação de fato, desde o momento em que o se verifiquem as circunstâncias materiais necessárias a que produza os efeitos que normalmente lhe são próprios;*
>
> *II – tratando-se de situação jurídica, desde o momento em que esteja definitivamente constituída, nos termos de direito aplicável*
>
> *(...).*
>
> *Art. 117. Para os efeitos do inciso II do artigo anterior e salvo disposição de lei em contrário, os atos ou negócios jurídicos condicionais reputam-se perfeitos e acabados:*
>
> *I – sendo suspensiva a condição, desde o momento de seu implemento;*
>
> *II – sendo resolutória a condição, desde o momento da prática do ato ou da celebração do negócio."*

Da análise dos Artigos de lei supracitados, em conjunto com os elementos já trazidos neste trabalho a respeito das *stock options*, entre a outorga e o *vesting* das ações objeto do plano de outorga de ações não há que se falar em fato gerador do imposto de renda.

Ao passo em que as ações integrem o patrimônio do empregado/beneficiário, mediante a verificação de determinadas condições (tais como permanência na empresa, *performance*), o fato gerador do Imposto de Renda Pessoa Física passa a ser verificado – por aplicação do contido no inciso I, do artigo 117, do CTN.

Há algumas interpretações, aparentemente inadequadas, no sentido de que no momento em que o beneficiário adquire as ações objeto de um plano de outorga com desconto, haveria a verificação do fato gerador do imposto de renda. Elisabeth Lewandowski Libertuci[22] também não concorda com esse entendimento. A saber:

[22] LIBERTUCI, Elisabeth Lewandowski. **Stock Option e Demais planos de ações: questões tributárias polemicas e a Lei 12.973/2014** / Elisabeth Lewandowski Libertuci, Mariana Neves

"Por menor que venha a ser o investimento da pessoa física na aquisição das ações, o fato gerador do imposto de renda apenas irá ocorrer no momento da venda destas ações e considerando a alíquota aplicável ao ganho de capital."

Conforme detalhado nos capítulos precedentes, no modelo padrão de pagamento baseado em ações o beneficiário adquire ações da companhia assumindo o risco relacionado à sua valorização. Trata-se de negócio mercantil no qual o beneficiário somente será remunerado se na ocasião da venda das ações tiver havido valorização.

Em outras palavras, até o momento do exercício e da apuração do ganho de capital, a materialização financeira de renda é somente potencial. Ou seja, o ganho do beneficiário é absolutamente incerto até a venda das ações compradas. Caso contrário, estar-se-ia, conforme vimos, diante da hipótese de incidência tributária não aperfeiçoada[23].

Dessa forma, não há que se falar em fato gerador do Imposto de Renda da Pessoa Física no exercício do direito de adquirir as ações objeto de um plano de *stock options*. O imposto de renda apenas será devido quando da alienação das ações e somente se for verificado a ocorrência de ganho de capital (resultado positivo) entre o valor de venda e o custo de aquisição das ações – investimento do beneficiário –, aplicando-se, atualmente, a alíquota de 15% (quinze por cento) sobre essa diferença.

Importante, nesse ponto, fazer uma observação sobre a modalidade de *stock option* denominada *phanton shares*.

Nesta modalidade, apenas o direito pecuniário decorrente da valorização do valor patrimonial das ações é conferido aos beneficiários, a ser liquidado em dinheiro. Em outras palavras, nas *phanton options* a cmprcsa geralmente não emite ações para o cumprimento do plano. Assim, a tributação deve ocorrer via tabela progressiva do imposto de renda pessoa física.

Mais uma vez citando Elisabeth Lewandowski Libertuci[24], sua opinião sobre o tema é no sentido de que *"para fins de imposto de renda, o que importa*

---

de Vito, Luciana Neves de Souza. 1ª edição. São Paulo: Editora Revista dos Tribunais, 2015.
[23] Vide Processo Administrativo nº 15889.000245/2010-46. Conselheiro Relator Dr. Adriano Gonzales Silveiro. 1ª Turma Ordinária da 3ª Câmara da 2ª Seção do CARF. Sessão de julgamento: 20.07.2013.
[24] LIBERTUCI, Elisabeth Lewandowski. **Stock Option e Demais planos de ações: questões tributárias polemicas e a Lei 12.973/2014**. Elisabeth Lewandowski Libertuci, Mariana Neves

é a aquisição da disponibilidade econômica, e esta se verifica indiscutivelmente no momento em que for superado o período de maturação (vesting period)".

4.3. A tributação da Pessoa Jurídica nas stock options, a Lei 12.973/2014 e o Pronunciamento do Comitê de Pronunciamentos Contábeis (CPC) nº 10

A recente publicação da Lei nº 12.973/2014 trouxe relevantes modificações na legislação tributária, especificamente no tocante à adequação das normas tributárias às regras contábeis trazidas pela Lei 11.638 de 28 de dezembro de 2007, que pretendeu aproximar as normas contábeis brasileiras aos padrões internacionais da *IFRS – International Financial Reporting Standards.*

O artigo 33 da Lei 12.973/2014 também trouxe novidades sobre o *"pagamento baseado em ações"*, estabelecendo o momento a partir do qual as despesas relacionadas às *stock options* são dedutíveis para as empresas para fins fiscais:

> *"Art. 33. O valor da remuneração dos serviços prestados por empregados ou similares, efetuada por meio de acordo com pagamento baseado em ações, deve ser adicionado ao lucro líquido para fins de apuração do lucro real no período de apuração em que o custo ou a despesa forem apropriados.*
>
> *§ 1º A remuneração de que trata o caput será dedutível somente depois do pagamento, quando liquidados em caixa ou outro ativo, ou depois da transferência da propriedade definitiva das ações ou opções, quando liquidados com instrumentos patrimoniais.*
>
> *§ 2º Para efeito do disposto no § 1º, o valor a ser excluído será:*
>
> *I – o efetivamente pago, quando a liquidação baseada em ação for efetuada em caixa ou outro ativo financeiro; ou*
>
> *II – o reconhecido no patrimônio líquido nos termos da legislação comercial, quando a liquidação for efetuada em instrumentos patrimoniais"*

Antes da edição da aludida norma, os efeitos contábeis dos pagamentos baseados em ações já eram objeto do Pronunciamento do Comitê de Pronunciamentos Contábeis (CPC) nº 10, aprovado pela Comissão de Valores Mobiliários (CVM). Nos termos desse pronunciamento, os efeitos das transações com pagamento baseado em ações devem estar *"refletidos no resultado e no balanço patrimonial da entidade, incluindo despesas associadas com*

---

de Vito, Luciana Neves de Souza. 1ª edição. São Paulo: Editora Revista dos Tribunais, 2015.

transações por meio das quais opções de ações são outorgadas a empregados". Diz, ainda, o item 7 do mesmo CPC 10 que:

> *"a entidade deve reconhecer os produtos ou os serviços recebidos ou adquiridos em transação com pagamento baseado em ações **quando ela obtiver os produtos ou à medida que receber os serviços**. Em contrapartida, a entidade deve reconhecer o correspondente aumento do patrimônio líquido se os produtos ou serviços forem recebidos em transação com pagamento baseado em ações liquidada em instrumentos patrimoniais, ou deve reconhecer um passivo, se os produtos ou serviços forem adquiridos em transação com pagamento baseado em ações liquidada em caixa (ou com outros ativos)."* (grifos nossos)

O artigo 33 da Lei 12.973/2014 veio a incluir no ordenamento tributário as orientações contidas no CPC 10. Além disso, analisando tanto a redação da norma tributária como a do pronunciamento contábil, conclui-se que a sua motivação foi estabelecer regras fiscais e contábeis àquelas empresas que disponibilizam *stock options* aos seus empregados em contrapartida aos serviços prestados por esses profissionais, ou seja, como forma de remuneração e não de investimento (operação mercantil).

No já citado caso Cosan[25], a empresa de auditoria Ernst & Young sugeriu em seu parecer sobre o tratamento contábil a ser dado às *stock options* concedidas pela empresa que fossem aplicadas as normas do CPC 10. Ao julgar o caso, os conselheiros do CARF utilizaram esse argumento para justificar a natureza salarial das *stock options*.

Entretanto, o fato de empresa ser obrigada a utilizar as regras do CPC 10 não é suficiente para descaracterizar a natureza mercantil das *stock options*. Vide, a esse respeito, parte do voto vencido do conselheiro Adriano Gonzales Silvério no caso:

> *"Analisando a clássica operação de stock option, é imperioso salientar que, embora o CPC 10 classifique, em geral, stock options como espécie de despesas de remuneração, para efeitos de lançamento contábil, em termos jurídicos, o plano de opção de compra de ações, dado o modo pelo qual é instrumentalizado e a finalidade a que se destina, não se enquadra no conceito de remuneração."*

---

[25] Processo Administrativo nº 15889.000245/2010-46. Conselheiro Relator Dr. Adriano Gonzales Silveiro. 1ª Turma Ordinária da 3ª Câmara da 2ª Seção do CARF. Sessão de julgamento: 20.07.2013.

Em complementação às regras de dedutibilidade acima mencionadas, o artigo 76 da Instrução Normativa RFB 1.515/2014 aprofundou as especificações acerca dessa questão, além de reforçar a aplicação da dedutibilidade apenas às operação de *stock options* de caráter remuneratório e não mercantil:

> *"Art. 76. O valor da remuneração dos serviços prestados por empregados ou similares, efetuada por meio de acordo com pagamento baseado em ações, deve ser adicionado ao lucro líquido para fins de apuração do lucro real no período de apuração em que o custo ou a despesa forem apropriados.*
>
> *§ 1º A remuneração de que trata o caput será dedutível somente depois do pagamento, quando liquidados em caixa ou outro ativo, ou depois da transferência da propriedade definitiva das ações ou opções de ações, quando liquidados com instrumentos patrimoniais.*
>
> *§ 2º Para efeito do disposto no § 1º, o valor a ser excluído será:*
>
> *I – o efetivamente pago, quando a liquidação baseada em ação for efetuada em caixa ou outro ativo financeiro; ou*
>
> *II – o reconhecido no patrimônio líquido nos termos da legislação comercial, quando a liquidação for efetuada em instrumentos patrimoniais.*
>
> *(...)*
>
> *§ 5º O valor reconhecido no patrimônio líquido nos termos da legislação comercial a ser excluído é o valor que teve como contrapartida contábil a remuneração registrada em custo ou despesa.*
>
> *§ 6º O disposto neste artigo é aplicável mesmo nas situações em que o empregado ou os similares já sejam detentores de instrumentos patrimoniais da sociedade.*
>
> *§ 7º Não são dedutíveis os valores de remuneração dos serviços prestados por pessoas físicas que não estejam previstas no § 3º, cujo pagamento seja efetuado por meio de acordo com pagamento baseado em ações."*

Em suma, as normas acima mencionadas vieram com o intento de estabelecer os critérios de dedutibilidade nos casos de *stock options* outorgadas por empresas aos profissionais, em estrita contrapartida pelos serviços prestados (natureza remuneratória).

Analisando friamente, é possível afirmar que a Lei 12.973/2014 acabará sendo utilizada pelas autoridades fiscalizatórias como mais um argumento para defender a natureza jurídica salarial das *stock options* e, consequentemente, impor a tributação daí decorrente.

Por outro lado, a novidade trazida pelas normas tributárias de dedução da remuneração com pagamento baseado em ações, tornou mais atrativa a possibilidade da empresa outorgar aos seus colaboradores planos de outorga de ações com caráter estritamente remuneratório e evitar fiscalizações.

4.4. Declaração das *stock options* pelo beneficiário

As peculiaridades de cada plano de outorga de ações influenciarão no momento do beneficiário efetuar a declaração das suas opções de ações na Declaração de Ajuste Anual (DAA).

Via de regra, caso as *stock options* sejam outorgadas como uma operação mercantil (investimento), as ações deverão ser incluídas na lista de bens e direitos da declaração, tão logo ocorra o exercício do direito de adquirir as ações.

Por outro lado, caso as *stock options* sejam outorgadas com natureza salarial, as informações deverão ser reportadas à Receita Federal do Brasil através do Comprovante de Rendimentos fornecido pela companhia, devendo o beneficiário, também nesta hipótese, reportar as ações na lista de bens e direitos da declaração.

5. Conclusão

Como visto na exposição acima, a ausência de normas específicas sobre as *stock options* tem gerado grandes discussões acerca dos impactos trabalhistas, previdenciários e tributários dos planos de concessão de ações, tanto para as empresas outorgantes dos planos quanto para os beneficiários desses planos.

A estrutura especifica de cada plano levanta o debate sobre a sua natureza jurídica: se remuneratória (salarial) ou mercantil (investimento). A previsão de custo (razoável) de aquisição das ações, a falta de previsão de custo de aquisição das ações, o desconto excessivo para aquisição das ações, a outorga por empresa brasileira ou estrangeira, a previsão de condições para o *vesting*, dentre outras variáveis, influenciam no momento de se verificar se de natureza remuneratória ou mercantil.

No caso de planos com natureza remuneratória, essa estrutura geralmente estará sujeita a incidência do Imposto de Renda Retido na Fonte (IRRF) à uma alíquota que pode variar de 7% (sete por cento) a 27,5% (vinte e sete e meio por cento), no momento em que as ações são disponibilizadas (recebimento efetivo), incidente sobre o valor do desconto das ações (ou valor total das ações caso o beneficiário não tenha custo na aquisição das ações), além dos encargos sociais/trabalhistas (INSS a cargo da empresa e do beneficiário, Fundo de Garantia por Tempo de Serviço (FGTS), férias e 13º salário).

Posteriormente, na hipótese de alienação das ações, o valor do eventual ganho obtido pelo empregado/beneficiário estará sujeito ao Imposto de Renda sobre o ganho de capital à uma alíquota, atualmente, de 15% (quinze por cento), podendo chegar a 22,5% (vinte e dois e meio por cento) a partir do ano de 2017, dependendo do valor do ganho.

Nos casos em que as *stock options* sejam caracterizadas como de natureza de investimento (mercantil), não haverá incidência das contribuições previdenciárias e encargos trabalhistas, sendo o empregado/beneficiário do plano tributado pelo Importo de Renda sobre o ganho de capital, apenas no momento da venda das ações e desde que observado lucro na operação, a uma alíquota, atualmente, de 15% (quinze por cento), podendo chegar a 22,5% (vinte e dois e meio por cento) a partir do ano de 2017, dependendo do valor do ganho.

A edição da Lei 12.973/2014, cujo objetivo foi adequar as normas tributárias brasileiras às regras contábeis introduzidas pela Lei 11.638/2007, que harmonizou as normas contábeis brasileiras aos padrões internacionais *IFRS – International Financial Reporting Standards*, também trouxe uma pequena, porém relevante, contribuição em relação aos pagamentos baseados em ações pelas empresas, estritamente de caráter remuneratório. O artigo 33 da aludida norma autorizou expressamente a dedutibilidade dos valores dispendidos pelas empresas com remunerações baseadas em ações aos seus empregados para fins de apuração de Imposto de Renda e Contribuição sobre o Lucro Líquido (CSLL), somente depois do efetivo pagamento.

Aparentemente, o advento desse artigo acabará sendo utilizado pelas autoridades fiscalizatórias como mais um argumento para defender a natureza jurídica salarial das *stock options* e, consequentemente, impor a tributação daí decorrente. Ao mesmo tempo, a previsão de dedução das despesas torna mais atrativa a possibilidade da empresa outorgar *stock options* com caráter estritamente remuneratório aos seus colaboradores.

No tocante à jurisprudência sobre o tema, tanto administrativa como judicial, além de escassas, também encontramos decisões divergentes. Apesar de ainda não existirem muitas decisões sobre o assunto na esfera do Conselho Administrativo de Recursos Fiscais (CARF), grande parte das decisões são no sentido de que os planos atualmente implementados possuem natureza salarial (não obstante o reconhecimento de que o conceito das *stock options* é mercantil). Em decisão inédita, contudo, o CARF reconheceu o caráter mercantil das *stock options* concedidas pela empresa BRF, não devendo a empresa tributá-lo como verbas salariais, já que o risco do investimento, de acordo com a decisão, é integralmente do beneficiário. No âmbito judicial, também se verifica a existência de decisões apontando para ambas as naturezas (de investimento e salarial). A Justiça do Trabalho, entretanto, parece mais tendente a pacificar o entendimento de que os planos de ações são operações mercantis celebradas entre empresa e empregado.

Em suma, imperioso se faz que cada plano seja analisado individualmente, caso a caso, com o objetivo de se constatar a sua natureza jurídica, remuneratória ou mercantil, para que, assim, se alcancem conclusões mais claras sobre os impactos e consequências da operação, tanto para o beneficiário como para a empresa. Com esse cuidado, o instrumento deve ter seu uso incentivado já que extremamente eficaz para desenvolver as atividades empresariais.

Referências

LIBERTUCI, Elisabeth Lewandowski. **Stock Option e Demais planos de ações: questões tributárias polemicas e a Lei 12.973/2014**. Elisabeth Lewandowski Libertuci, Mariana Neves de Vito, Luciana Neves de Souza. 1ª edição. São Paulo: Editora Revista dos Tribunais, 2015.

DAL MAS, Viviane Castro Neves Pascoal M. *Stock Options* **na Relação de Emprego**. Edição: 2008, julho. Editora LTr.

CURTIS, Carol E. Pay me in Stock Options: manage the options we have, win the options you want.1ª edição. Estados Unidos: Wiley, 2001.

SILVA. Homero Batista Mateus. **Curso de direito do trabalho aplicado Vol. 5 – Livro da remuneração**. 2ª edição. São Paulo: Revista dos Tribunais, 2015.

MARIZ DE OLIVEIRA, Ricardo. **Planejamento Tributário nos tempos atuais.** Revista Fórum de Direito Tributário – RFDT, ano 11, n. 66, nov/de. 2013.

MACHADO, Hugo de Brito. **Curso de direito tributário**. 34ª edição. São Paulo: Malheiros, 2013.

CALVO, Adriana Carrera. **A natureza jurídica dos planos de opções de compra de ações no direito do trabalho – (employee stock option plans)**. Disponível em: [http://www.calvo.pro.br/default.asp?site_Acao=mostraPagina&PaginaId=3&mArt igo_acao=mostraArtigo&pa_id=246]. Acesso em 07.06.2016.

CARVALHO, Rodrigo Moreira de Souza. **Natureza Jurídica das verbas recebidas por empregados através de planos de opção de compra de ações a luz do Direito do Trabalho Brasileiro.** São Paulo: Artigo da LexInform. 2001.

ZAINAGHI, Domingos Sávio. **Aspectos trabalhistas nos programas de "Stock Option".** Curitiba: Geneses, 2000.

MARTINS. Sérgio Pinto. **Direito do Trabalho.** 27ª edição. São Paulo: Atlas, 2011, pág. 251.

MARTINS. Sérgio Pinto. **Direito da seguridade social.** 35ª edição. São Paulo: Atlas, 2015. p. 127

MARTINS, Sergio Pinto. **Natureza do Stock Option no Direito do Trabalho.** São Paulo: Thomson IOB, 2005.

CARVALHOSA, Modesto. **Comentários à Lei de Sociedades Anônimas.** 6ª edição. São Paulo: Saraiva, 2014. vol. 1.

Acórdãos proferidos pelo Conselho Administrativo de Recursos Fiscais (CARF), pelo Supremo Tribunal Federal (STF), pelo Superior Tribunal de Justiça (STJ), pelo Tribunal Superior do Trabalho (TST) e pelo Tribunal Regional do Trabalho (TRT).

Análise da Incidência da Contribuição Previdenciária sobre os Planos de Concessão de Ações (*Stock Option Plans*) e da Validade da Base de Cálculo Utilizada pelas Autoridades Fiscais

FERNANDA BALIEIRO FIGUEIREDO

1. Introdução

Com o desenvolvimento das estruturas de remuneração implementadas pelas empresas no cenário econômico global empresas brasileiras saíram da inércia e passaram a adotar diferentes formas para atrair e reter bons profissionais.

A remuneração deixou de ser estática, baseada unicamente em salários fixos e passou, inicialmente, a abranger comissões. Posteriormente, as empresas passaram a planejar e estruturar diversas formas de remuneração.

Dentre as estruturas implementadas como, por exemplo, os Planos de Participação nos Lucros ou Resultados, os bônus de contratação, os bônus de retenção e os prêmios pagos sem habitualidade, o que mais chama a atenção são Planos de Opção de Compra de Ações[1].

---

[1] BARBOSA, Luiz Roberto Peroba, GAGO, Cristiane I. Matsumoto e ALVARENGA, Christiane Alves. A natureza jurídica dos planos de opção de compra de ações (stock option plans) e os impactos previdenciários. Revista de Previdência Social – RPS, v.38, n. 404, jul. 2014, p. 648-651.

A estrutura de um Plano de Ações alinha os interesses dos empregados e dos empregadores, incentiva a produção, fideliza os trabalhadores capacitados e torna a empresa mais produtiva e eficiente, haja vista que as potenciais vantagens econômicas oferecidas pelos Planos somente serão percebidas pelos seus participantes se estes permaneceram na empresa por determinado período e se ocorrer a elevação da cotação do preço das ações da companhia[2].

Contudo, apesar da relevância dos Planos de Ações, esta espécie de pagamento utilizada pelas empresas ainda não foi inserida no ordenamento jurídico. Até o momento não existe uma legislação previdenciária, fiscal ou trabalhista que delimite a natureza jurídica do pagamento.

Dentro deste contexto, existe uma clara divergência de entendimento entre a Receita Federal do Brasil e os contribuintes. Enquanto para a Receita Federal do Brasil esse tipo de Plano tem clara natureza remuneratória, os contribuintes defendem a natureza mercantil dos contratos de Plano de Ações.

Assim, o presente trabalho analisará a incidência ou não das Contribuições Previdenciárias sobre os Planos de Ações.

Para tanto, será analisada (I) a regra geral de incidência da Contribuição Previdenciária, (II) as regras para instituição, criação e concessão de ações nos Planos de Concessão de Ações, (III) a incidência da Contribuição Previdenciária sobre esses pagamentos, (IV) se tais valores podem servir de base de cálculo para fins de incidência da Contribuição Previdenciária, e (V) qual seria sua extensão.

O tema será analisado tendo como base em decisões proferidas no Conselho Administrativo de Recursos Fiscais (CARF) até junho de 2016.

Por fim, apesar do intrínseco relacionamento dos Planos de Ações com a incidência dos encargos trabalhistas e também as inúmeras divergências sobre o momento de incidência do Imposto de Renda, o presente artigo irá analisar única e exclusivamente o tema sob a perspectiva da contribuição previdenciária.

---

[2] Nesse sentido, vide SILVA, Andrea Gonçalves. Stock options plan como uma forma de remuneração flexível. Dissertação de Mestrado, Faculdade de Direito da Universidade de São Paulo. São Paulo, 2013.

2. Contribuição Previdenciária: Regra Geral

O artigo 195 da Constituição Federal determina que a Seguridade Social será financiada por toda a sociedade de forma direta e indireta, mediante recursos orçamentários da União, dos Estados, do Distrito Federal, das contribuições do trabalhador, das contribuições sociais incidentes sobre a receita de concursos de prognósticos e das **contribuições do empregador** incidentes sobre *"a folha de salários e demais rendimentos do trabalho pagos ou creditados, a qualquer título, à pessoa física que lhe preste serviço, mesmo sem vínculo empregatício"*; *"a receita ou o faturamento"*; e o *"lucro"*.

Em complemento ao artigo 195 da Constituição Federal o artigo 201, § 11, da Carta Magna estabelece que também são base de cálculo da contribuição previdenciária os **ganhos habituais** do empregado.

> Constituição Federal
>
> "Art. 201. A previdência social será organizada sob a forma de regime geral, de caráter contributivo e de filiação obrigatória, observados critérios que preservem o equilíbrio financeiro e atuarial, e atenderá, nos termos da lei, a:
>
> (...)
>
> § 11. Os ganhos habituais do empregado, a qualquer título, serão incorporados ao salário para efeito de contribuição previdenciária e conseqüente repercussão em benefícios, nos casos e na forma da lei."

O artigo 22, inciso I, da Lei nº 8.212/91 determina que somente haverá a incidência da contribuição previdenciária sobre a totalidade dos rendimentos pagos ao empregado **em retribuição ao trabalho por ele prestado**.

> **Lei nº 8.212/91**
>
> "Art. 22. A contribuição a cargo da empresa, destinada à Seguridade Social, além do disposto no art. 23, é de:
>
> I – vinte por cento sobre o total das remunerações pagas, devidas ou creditadas a qualquer título, durante o mês, aos segurados empregados e trabalhadores avulsos que lhe prestem serviços, destinadas a retribuir o trabalho, qualquer que seja a sua forma, inclusive as gorjetas, os ganhos habituais sob a forma de utilidades e os adiantamentos decorrentes de reajuste salarial, quer pelos serviços efetivamente prestados, quer pelo tempo à disposição do empregador ou tomador de serviços, nos termos da lei ou do contrato ou, ainda, de convenção ou acordo coletivo de trabalho ou sentença normativa.

Por sua vez, o artigo 457 da Consolidação das Leis de Trabalho determina o conceito de remuneração:

Consolidação das Leis do Trabalho

"Art. 457. Compreendem-se na remuneração do empregado, para todos os efeitos legais, além do salário devido e pago diretamente pelo empregador, como contraprestação do serviço, as gorjetas que receber.

§ 1º – Integram o salário não só a importância fixa estipulada, como também as comissões, percentagens, gratificações ajustadas, diárias para viagens e abonos pagos pelo empregador.

§ 2º – Não se incluem nos salários as ajudas de custo, assim como as diárias para viagem que não excedam de 50% (cinquenta por cento) do salário percebido pelo empregado.

§ 3º – Considera-se gorjeta não só a importância espontaneamente dada pelo cliente ao empregado, como também aquela que for cobrada pela empresa ao cliente, como adicional nas contas, a qualquer título, e destinada a distribuição aos empregados."

De acordo com o disposto na legislação, como regra as empresas somente estão obrigadas a recolher a contribuição previdenciária sobre as verbas de natureza **remuneratória pagas com habitualidade** e em **contraprestação pelo trabalho**.

Neste mesmo sentido também é o entendimento de Thiago Barbosa Wanderley, que menciona em seu artigo *Stock Option:* não Incidência da Contribuição Previdenciária e Momento da Incidência do IRPF" que, para que determinada verba seja base de cálculo da contribuição previdenciária, é necessário preencher cumulativamente dois requisitos: (I) retributividade e (II) habitualidade.[3]

Além destas considerações, de acordo com a letra expressa da lei, somente não haverá incidência de contribuição previdenciária sobre as verbas que estiverem expressa e taxativamente indicadas como isentas nesta norma, qual seja, o parágrafo 9º, artigo 28, especificamente. Note que os Planos de Ações não constam na lista **taxativa** prevista no parágrafo 9º, artigo 28 da Lei nº 8.212/91.

---

[3] WANDERLEY, Thiago Barbosa. **Stock Option: não Incidência da Contribuição Previdenciária e Momento da Incidência do IRPF.** Revista Dialética de Direito Tributário nº 238. Página 129.

3. Stock Option Plan
3.1. Conceito

Atualmente, os *Stock Option Plans* não estão regulamentados pela legislação previdenciária, trabalhista e/ou tributária. Por outro lado, o modelo convencional do plano de opção de compra de ações está previsto no artigo 168, parágrafo 3º, da Lei nº 6.404/1976, que dispõe sobre as Sociedades por Ações.

O artigo supramencionado permite à empresa, por meio de aprovação da Assembleia Geral, outorgar opções de compra de ações aos seus empregados. Vejamos:

> "Art. 168. O estatuto pode conter autorização para aumento do capital social independentemente de reforma estatutária. (...)
>
> § 3º O estatuto pode prever que a companhia, dentro do limite de capital autorizado, e de acordo com plano aprovado pela assembléia-geral, outorgue opção de compra de ações a seus administradores ou empregados, ou à pessoas naturais que prestem serviços à companhia ou a sociedade sob seu controle."

Em geral, as operações dos planos de opção de compra de ações abrangem três momentos distintos: **(I)** o preço de exercício, que é o preço pelo qual o empregado tem o direito de exercer a sua opção de compra ("exercise price"), devendo ser determinado ou determinável; **(II)** o prazo de carência para aquisição das condições de exercício de opção ("vesting period"); e **(III)** o termo da opção, que é o prazo máximo para o exercício da opção de compra da ação ("expiration date").

Ressalte-se que, no ato da assinatura do contrato, o beneficiário ainda não é detentor das ações. O que é concedido ao empregado é apenas o direito de optar por adquiri-las. Portanto, desde já, é possível concluir que o contrato de opção de compra de ações tem natureza jurídica de um contrato de opção, que é vinculativo ao empregador e facultativo ao empregado beneficiário.

Por outro lado, uma vez exercida a opção, passa o empregado a ser proprietário das ações e, deste modo, acionista da empresa. Consequentemente, após a aquisição, o empregado passa a concorrer com os riscos do negócio e estar suscetível às variações da ação no mercado. Desta forma, não há certeza de que, no momento da alienação, o empregado auferirá lucro na operação.

De acordo com Adriana Calvo, está é uma das melhores características dos Stock Option Plans, porque "permite alcançar dois grandes objetivos primordiais para o sucesso de qualquer empresa: retenção dos empregados considerados *talentos* para a empresa e o atingimento de resultados por meio de uma parceria entre os acionistas e os empregados." Adriana ainda complementa que se trata da "busca da verdadeira relação do tipo *ganha-ganha* no ambiente de trabalho".[4]

3.2. Principais Espécies de Planos

No ordenamento jurídico brasileiro o modelo convencional de Plano de Opção de Compra de Ações está previsto no artigo 168, §3º, da Lei nº 6.404, de 15.12.1976 ("Lei das Sociedades Anônimas"), já mencionado acima.

De acordo com esse dispositivo legal, os requisitos para a criação de um Plano de Opção de Ações são **(I)** previsão estatutária de capital autorizado e de possibilidade de outorga de opção de compra de ações **(II)** aprovação pela assembleia geral e **(III)** destinação aos administradores, empregados ou pessoas naturais que prestem serviços à companhia ou a suas controladas.

Dentro dessa estrutura base exigida pela Lei das Sociedade por Ações, existe uma infinidade de modelos e formatos de Planos de Ações disponíveis, como o *Restricted Stock Units Plan*, o *Employee Stock Purchase Plan*, o *Phantom Stocks Plan* e os *Stock Option Plan* propriamente ditos[5].

Na prática, a dinâmica empresarial acaba por moldar cada um desses instrumentos e adaptá-los às necessidades de cada empresa, de sorte que esses modelos podem aparecer com inúmeras variações. Essa classificação é, portanto, meramente exemplificativa. Ademais, como as espécies de planos não estão definidas com uniformidade pela doutrina, os exemplos que selecionamos para o presente trabalho podem ser encontrados em outros estudos com diferentes nomenclaturas.

---

[4] CALVO, Adriana. A natureza jurídica dos planos de opções de compra de ações no direito do trabalho. Revista Bonijuris – Ano XVIII – Nº 507 – Fevereiro/2006

[5] Nesse sentido: (i) LIBERTUCI, Elisabeth Lewandowski. Stock options e demais planos de ações: questões tributárias polêmicas e a Lei 12.973/2014 / Elisabeth Lewandowski Libertuci, Mariana Neves de Vito, Luciana Simões de Souza. – São Paulo: Editora Revista dos Tribunais, 2015; (ii) CALVO, Adriana. A natureza jurídica dos planos de opções de compra de ações no direito do trabalho. Revista Bonijuris – Ano XVIII – Nº 507 – Fevereiro/2006 e (iii) WANDERLEY, Thiago Barbosa. Stock Option: não Incidência da Contribuição Previdenciária e Momento da Incidência do IRPF. Revista Dialética de Direito Tributário nº 238.

Todos esses Planos de Opção de Compra de Ações acabam sendo denominados genericamente de *Stock Option Plans*. Contudo, como será visto com mais detalhes no capítulo seguinte, é de extrema relevância a distinção entre cada um deles, tendo em vista que cada modelo receberá um tratamento tributário próprio.

Os planos de *Restricted Stock Units* consistem em um instrumento de concessão automática de ações (ou do valor correspondente) aos beneficiários do plano, após o atingimento de condição preestabelecida (*vesting conditions*) ou depois de determinado período de maturação (*vesting period*). Neste caso, esse modelo não enseja risco para o beneficiário, porquanto este recebe um valor desatrelado de qualquer investimento de sua parte[6].

Nesses modelos não há risco para o participante, já que as ações são outorgadas de forma gratuita após o cumprimento das eventuais condições ou do período imposto pelo plano, sem exigir do beneficiário o exercício de uma opção ou o investimento/desembolso de caixa para a aquisição dos instrumentos patrimoniais[7].

De outro lado temos os *Employee Stock Purchase Plans*, os quais consistem em um sistema de compra de ações instrumentalizado a partir de um mecanismo de deduções regulares da folha de salários dos beneficiários para a formação de uma reserva de valores que será usada na aquisição de ações da empresa.

Com relação ao denominado plano de *Phantom Stock*, temos um mecanismo que outorga um direito aos seus beneficiários para receber em dinheiro, em determinado período ou condicionado a um evento futuro, um determinado montante atrelado ao valor de mercado das ações da empresa num certo período, a ser apurado com base em metodologia prefixada.

Também nesse caso o *Phantom Stock* não enseja risco ao beneficiário, uma vez que este não precisa realizar qualquer investimento para receber o montante equivalente ao valor das ações da empresa. Ademais, neste tipo

---

[6] Nesse sentido, vide LIBERTUCI, Elisabeth Lewandowski. Nota 9.

[7] Nesse sentido, vide GALHARDO, Luciana Rosanova e BATISTA, Diego Alves Amaral. Stock options: plano de pagamentos baseados em ações. In. MOSQUERA, Roberto Quiroga e LOPES, Alexsandro Broedel. Controvérsias jurídico-contábeis (aproximações e distanciamentos). São Paulo: Dialética, 2015, p. 312

de plano o participante não se torna acionista da empresa e o valor a receber é apenas um referencial para a retribuição que lhe será paga no futuro[8].

Por fim, temos o Plano de Concessão de Ações – *Stock Option Plan* ("SOP"). Esse modelo consiste em sistema complexo de outorga de opções de compra de ações com regramento próprio e característico. Neste tipo de plano, via de regra, o participante deve deliberar sobre o exercício de sua opção de compra e efetivamente pagar o preço por este exercício[9]. Nesse estudo, analisaremos tão somente esse modelo de Plano de Ações.

3.3. Principais Aspectos do Plano de Concessão de Ações (SOP)

O *Stock Option Plan* (SOP) é o instrumento jurídico por meio do qual uma determinada sociedade outorga a alguns indivíduos o direito de adquirir, em uma data futura, ações de emissão dessa sociedade ou de sua controladora, por um preço previamente especificado e dentro de prazo pré-determinado, segundo os critérios estabelecidos por ocasião da outorga.

Esse modelo específico de Plano de Ações apresenta alguns requisitos básicos, quais sejam **(I)** o preço de exercício, que é o preço pelo qual o empregado tem o direito de exercer sua opção (*exercise price*), devendo ser determinado ou determinável; **(II)** o prazo de carência (*vesting period*) ou as condições pré-estabelecidas (*vesting condition*) para aquisição das condições de exercício de opção e **(III)** o termo de opção, que é o prazo máximo para o exercício da opção de compra da ação (*expiration date*).

Quanto à operacionalização do contrato de opção de compra de ações, o primeiro passo é a outorga aos participantes do direito de optar pela compra de ações, cuja data e o valor são pré-determinados. É importante destacar que o contrato de opção de compra de ações determina que as opções serão outorgados em caráter pessoal, ou seja, não podem ser empenhadas, cedidas ou transferidas a terceiros.

Esse marco inicial do Plano usualmente ocorre quando o participante e a companhia firmam o contrato que institui o Plano. Nessa etapa, o

---

[8] Nesse sentido, vide WANDERLEY, Thiago Barbosa. Stock Option: não Incidência da Contribuição Previdenciária e Momento da Incidência do IRPF. Revista Dialética de Direito Tributário nº 238. Página 129.

[9] Nesse sentido, vide GALHARDO, Luciana e BATISTA, Diego. Nota 10.

direito do participante exercer a opção de compra das ações ainda está condicionado a eventos futuros e incertos, conforme definidos no próprio SOP.

Como exemplos de tais eventos temos a permanência na condição de empregado ou colaborador da companhia por determinado período, o cumprimento de metas individuais predefinidas e a materialização de avanços na performance comercial ou financeira da companhia, etc.

Note que, até esta etapa, por se tratar de uma mera expectativa de direito, não são conferidos aos participantes quaisquer direitos de acionista, sejam econômicos ou políticos.

Em um segundo momento, quando observadas e preenchidas todas as condições previstas no contrato de concessão para fazer jus ao benefício, ocorre a materialização do direito ao exercício da opção de compra pelo participante (*vesting*).

Existe um período durante o qual o participante pode manifestar sua intenção e efetivamente exercer o direito de compra das ações após ter preenchido todas as condições para ter o direito de adquiri-las (*vested*).

Durante esse período (*exercise period*), para que o beneficiário exerça o direito que lhe foi facultado e para que ocorra a emissão de ações no âmbito do SOP, deve ocorrer um efetivo desembolso de caixa pelo participante para adquirir as ações objeto do plano. O participante passa a ter direitos econômicos e políticos de sócio a partir do exercício da opção e da efetiva emissão das ações.

O preço de exercício (*exercise price*) é o preço do mercado da ação na data da concessão da opção, sendo comum estabelecer um desconto ou um prêmio sobre o valor de mercado. Nesse sentido, a opção acaba sendo uma mera expectativa de direito, já que as variações do mercado podem afetar o valor das ações no momento da negociação, fazendo com que o beneficiário opte por não exercer tal direito.

Quanto a esse ponto, é importante notar que o beneficiário tem um direito de opção e não um obrigação. É dizer, esse contrato tem natureza jurídica de um contrato de opção que é vinculativo ao empregador e facultativo ao empregado beneficiário.

Uma vez exercida a opção, o empregado passa a ser proprietário das ações e, deste modo, acionista da empresa. Contudo, por disposição contratual, o empregado somente poderá vendê-las desde que respeitado o prazo de alienação exigido (*lock-up period*).

Conforme ensinamentos de Luciana Galhardo e Diego Batista[10], o *lock--up period* tem um objetivo claro, qual seja, estimular a produtividade do participante e a geração de valor em favor da empresa concedente da SOP:

> "Esta limitação tem como principal objetivo manter o participante na condição de sócio da companhia durante certo período, durante o qual o participante estará exposto a eventuais variações, para mais ou para menos, no valor de mercado das ações. Claramente, esta característica tem por objetivo estimular a produtividade do participante e a geração de valor em benefício da companhia, já que tais circunstâncias teriam impacto na precificação das ações detidas pelo participante."

Sendo assim, após a aquisição, o empregado passa a concorrer com os riscos do negócio e estar suscetível às variações da ação no mercado. Desta forma, não há certeza de que no momento da alienação o empregado auferirá lucro na operação. Note que, a depender do contrato de SOP, as ações podem ser vendidas pelo participante em bolsa de valores ou negociação privada.

Portanto, pela própria natureza do Plano, o Stock Option Plan representa um risco para o beneficiário, uma vez que as ações podem se desvalorizar no futuro e tornar desvantajoso o exercício da opção que já foi feito, impedindo que o beneficiário obtenha o retorno do investimento realizado.

Portanto, só é possível mensurar o efetivo benefício econômico ao beneficiário na concessão de SOPs à época da venda das ações adquiridas. Isso porque o benefício econômico é a diferença entre o valor de mercado das ações e o preço de aquisição (e futura valorização das ações).

Por fim, cabe destacar que a venda das ações pelo participante pode ocorrer em mercado de bolsa de valores ou em negociação privada. Independentemente da forma de negociação, esta etapa implica transformação das ações em caixa.

Os requisitos mencionados acima foram muito bem sintetizados por Thiago Barbosa Wanderley[11]:

> "(a) Preço de exercício – também denominado exercise price, corresponde ao preço pelo qual o beneficiário poderá efetuar a compra da ação na data

---

[10] Nesse sentido, vide GALHARDO, Luciana e BATISTA, Diego. Vide Nota nº 10.

[11] Vide nota nº 10.

futura estipulada. É estipulado em montante fixo no momento da concessão do plano, o qual será dispendido se o beneficiário exercer sua opção após o período preestabelecido.

(b) Prazo de carência (vesting period) – intervalo temporal entre a concessão da opção de compra e o adimplemento das condições para que a opção seja exercida. Usualmente o vesting period é firmado pelo prazo de até quatro anos, após o qual o beneficiário poderá optar por adquirir as ações. A estipulação de períodos muito curtos pode fulminar a finalidade de comprometer o funcionário com o crescimento a longo prazo da empresa, criando a necessidade de renovar sucessivamente tais planos e conferir-lhes características de remuneração.

(c) Vencimento da opção (expiration date) – data estipulada como prazo final para que o titular da opção exerça seu direito de compra."

Em síntese, a título ilustrativo, colocamos abaixo uma linha do tempo referente ao Stock Option Plan, em seu modelo tradicional.

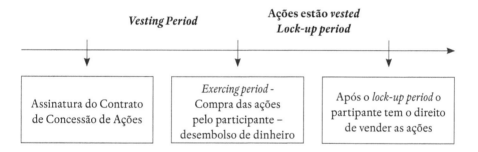

3.4. A Natureza Jurídica dos *Stock Option Plans*

Inicialmente, reiteramos que a possibilidade de concessão de ações está positivada no ordenamento brasileiro através da Lei das Sociedades Anônima, já mencionada acima. Com a edição da Lei nº 11.638/2007, que alterou alguns artigos da Lei nº 6.404/1976, tornou-se obrigatório para as empresas o reconhecimento nos demonstrativos contábeis dos pagamentos realizados com ações[12].

---

[12] Nesse sentido, AKAMINE, Ricardo Hiroshi. Contribuições Sociais Não Devem Incidir em Stock Options de Empresas Fechadas. Consultor Jurídico. 25 abril. 2015.

Posteriormente, o Comitê de Pronunciamentos Contábeis ("CPC") editou o Pronunciamento Técnico CPC 10, aprovado em 3.12.2010 e divulgado em 16.12.2010, por meio do qual estabeleceu os parâmetros para os pagamentos baseados em ações e, principalmente, os procedimentos contábeis.

Contudo, na redação do CPC 10, o Comitê utilizou largamente o termo "remuneração", o que, inclusive é atualmente um dos argumentos utilizados pelas autoridades fiscais.

> "12. Via de regra, ações, opções de ações ou outros instrumentos patrimoniais **são outorgados aos empregados como parte do pacote de remuneração destes**, adicionalmente aos salários e outros benefícios. Normalmente, não é possível mensurar, de forma direta, os serviços recebidos por componentes específicos do pacote de remuneração dos empregados. Pode não ser possível também mensurar o valor justo do **pacote de remuneração** como um todo de modo independente, sem se mensurar diretamente o valor justo dos instrumentos patrimoniais outorgados. Ademais, ações e opções de ações são, por vezes, outorgadas como parte de acordo de pagamento de bônus, em vez de serem outorgadas como parte da remuneração básica dos empregados. Objetivamente, trata-se de incentivo para que os empregados permaneçam nos quadros da entidade ou de prêmio por seus esforços na melhoria do desempenho da entidade. Ao beneficiar os empregados com a outorga de ações ou opções de ações, adicionalmente a outras formas de remuneração, a entidade visa a obter benefícios marginais. Em função da dificuldade de mensuração direta do valor justo dos serviços recebidos, a entidade deve mensurá-los de forma indireta, ou seja, deve tomar como base o valor justo dos instrumentos patrimoniais outorgados." (sem destaque no original)[13]

No entanto, é importante destacar que estas são regras contábeis e societárias, cujo descumprimento pode gerar a aplicação de multa e eventuais penalidades aplicadas por estes órgãos, mas jamais descaracterizar a natureza mercantil de um SOP.

O CPC 10 determina que as empresas que adotam esses tipos de planos de remuneração reflitam isso em suas demonstrações financeiras. Mas não necessariamente que os valores reconhecidos contabilmente como despesa

---

[13] Pronunciamento Técnico CPC 10. <http://static.cpc.mediagroup.com.br/Documentos/211_CPC_10_R1_rev%2006.pdf>. Acesso em 15.6.2016

devam ser automaticamente consideradas bases tributáveis de contribuição previdenciária.

Para corroborar ainda a argumentação das autoridades fiscais de que os pagamentos em ações têm natureza remuneratória, em 14.5.2014 foi publicada a Lei nº 12.973/2014, cujo objetivo era promover a adaptação dos padrões contábeis brasileiros com os padrões internacionais, que também se utilizou do termo "remuneração":

> "Pagamento Baseado em Ações
>
> Art. 33. O valor da remuneração dos serviços prestados por empregados ou similares, efetuada por meio de acordo com pagamento baseado em ações, deve ser adicionado ao lucro líquido para fins de apuração do lucro real no período de apuração em que o custo ou a despesa forem apropriados. (Vigência)
>
> § 1º A remuneração de que trata o caput será dedutível somente depois do pagamento, quando liquidados em caixa ou outro ativo, ou depois da transferência da propriedade definitiva das ações ou opções, quando liquidados com instrumentos patrimoniais.
>
> § 2º Para efeito do disposto no § 1o, o valor a ser excluído será:
>
> I – o efetivamente pago, quando a liquidação baseada em ação for efetuada em caixa ou outro ativo financeiro; ou
>
> II – o reconhecido no patrimônio líquido nos termos da legislação comercial, quando a liquidação for efetuada em instrumentos patrimoniais."

Contudo, a cobrança das contribuições previdenciárias é realizada unicamente com base na Lei nº 8.212/91, conforme já exposto no Capítulo II. Nem mesmo a Lei nº 12.973/2014 ou o Pronunciamento Técnico CPC 10 são capazes de criar nova base de cálculo da contribuição previdenciária. Nesse sentido, mencionamos o artigo de Celso Costa e Carlos Pacheco[14]:

> "O artigo 33 utiliza os termos 'remuneração' e 'serviços' para regular os efeitos da aplicação do CPC 10. Em razão de o Sistema Contábil e o Sistema do Direito serem sistemas distintos, as consequências e os limites do alcance desses termos devem ser buscado dentro do próprio Sistema do Direito.

---

[14] COSTA, Celso e PACHECO, Carlos. Plano de pagamento baseado em ações: a problemática da contabilização e reconhecimento das opções de ações, a partir das inovações da lei nº 12.973/2014. In. MOSQUERA, Roberto Quiroga e LOPES, Alexsandro Broedel. Controvérsias jurídico-contábeis (aproximações e distanciamentos). São Paulo: Dialética, 2015, p. 140/141.

Em nossa opinião, o artigo 33 veio apenas dispor sobre o momento em que pode ser tomada a dedução de despesas oriundas de planos de outorga de opções em função das novas regras contábeis introduzidas em nosso país, as quais obrigam que a entidade reconheça uma despesa com transações com pagamento baseado em ações e que, com a revogação do TRR, passaram a ter efeitos fiscais.

O artigo 33 está inserido em capítulo que trata do IRPJ e da CSLL, dentro de seção que cuida especificamente de operações com pagamento baseado em ações e o momento em que as despesas oriundas dessas operações poderão ser computadas no lucro real. Ele não traz nova hipótese de incidência de contribuição previdenciária, mesmo que de forma implícita."

Posto isto, o ponto principal para análise sobre a natureza jurídica deste instituto é a verificação se o contrato de concessão de ações tem natureza mercantil ou remuneratória.

Segundo Modesto Carvalhosa[15], as opções de compra de ações têm natureza jurídica contratual, sobretudo quando analisadas à luz da prática societária norte-americana. Segundo o Professor, a opção de compra reveste-se de natureza contratual e personalíssima, constituindo uma espécie de contrato preliminar unilateral que é celebrado entre a companhia de capital autorizado e os legitimados (empregados, administradores e terceiros contratantes).

Como bem apontado pelo Jurista[16], a opção de compra tem por objeto a celebração de um contrato de subscrição ou de compra de ações, cuja efetivação dependerá apenas da vontade desses tais legitimados.

Na mesma linha, Sérgio Pinto Martins[17] acena que esta operação consiste num ato jurídico de natureza mercantil, isto é, um contrato de natureza exclusivamente civil, embora ofertado somente a pessoas contratadas pelas empresas durante o contrato de trabalho. Isto porque representa mera operação de compra e venda de ações, envolvendo um potencial ganho financeiro e um investimento feito pelo empregado nas ações da empresa.

---

[15] CARVALHOSA, Modesto. Comentários à Lei de Sociedades Anônimas. 6ª ed. São Paulo: Saraiva, 2014. Vol. 1.

[16] CARVALHOSA, Modesto. Comentários à Lei de Sociedades Anônimas. 6ª ed. São Paulo: Saraiva, 2014. Vol. 1.

[17] MARTINS. Sergio Pinto. Natureza do Stock Option no Direito do Trabalho. Suplemento OT – Legislação, Jurisprudência e Doutrina, ano XXIV, n. 11, p. 3, São Paulo: Thomson IOB, nov. 2005.

Ensina ainda o Professor Sérgio Pinto Martins que, por se tratar de uma operação que naturalmente envolve risco, em decorrência da flutuação do preço das ações, o empregado pode inclusive experimentar prejuízo com a operação. Assim sendo, não há que se falar que se trata de um pagamento dissimulado ou disfarçado com o objetivo de não integração ao salário, de sorte que não é atraída a aplicação do artigo 9º do Decreto-Lei nº 5.452, de 1.5.1943 ("Consolidação das Leis do Trabalho – CLT")[18].

Além disso, do ponto de vista conceitual, os planos de opção de compra de ações não se constituem, em absoluto, em forma indireta de remuneração, mas sim uma oportunidade de investimento, sujeito a todos os riscos desse tipo de aplicação, cuja volatilidade do mercado é inerente à operação.

Sobre o tema, Alice Monteiro de Barros resume de forma clara a natureza não remuneratória do Stock Option Plan, em que as ações *não representam um complemento da remuneração, mas um meio de estimular o empregado a fazer coincidir seus interesses com o dos acionistas*.[19]

Da mesma forma, Amauri Mascaro do Nascimento[20] defende a mesma linha, justificando que se trata de uma relação mercantil ligada a uma operação financeira:

"Há ações, perante a Justiça do Trabalho, nas quais surgem alguns aspectos trabalhistas, entre os quais três como os aqui examinados:

a) o direito ou não ao exercício da compra das ações;

b) a possibilidade de integração salarial dos eventuais benefícios auferidos com o preço das ações;

c) condições e prazos para a efetivação do direito.

O risco é inerente à natureza da opção de compra de ações. Assim, trata-se de negócio jurídico insuscetível de compor a estrutura jurídica da figura do salário. (...)

Trata-se, como afirma Sérgio Pinto Martins, de operação financeira no mercado de ações e não de salário. Não há pagamento pelo empregador ao empregado em decorrência da prestação de serviços, mas risco do negócio. Logo, não pode ser considerada salarial a prestação."

---

[18] Art. 9º – Serão nulos de pleno direito os atos praticados com o objetivo de desvirtuar, impedir ou fraudar a aplicação dos preceitos contidos na presente Consolidação.

[19] Barros, Alice Monteiro de. Curso de direito do trabalho. São Paulo: LTr, 2007

[20] Nascimento, Amauri Mascaro. "Salário, Conceito e Proteção, Ed. LTr, 2008, pág. 378/379.

Portanto, o primeiro ponto importante para se considerar com relação aos contratos de concessão de ações é a relação mercantil, ou seja, trata-se de um contrato civil firmado entre a empresa e o empregado, portanto bilateral, no qual estão presentes o consentimento, a coisa e o preço, dentro da seara da autonomia privada.

Estes instrumentos contratuais são autorizados pelos acionistas das empresas e independem, na sua essência, da relação de empregado – contrato de trabalho. Como já reiterado acima, o SOP é um instrumento que "força" a permanência do empregado de grande destaque e qualificação na empresa uma vez que firmados a longo prazo, bem como tem o objetivo de atração de novos talentosos executivos a fazerem parte da empresa.

Apesar dos contratos de concessão de ações serem um estímulo ao empregado, este fato, por si só, não é capaz de descaracterizar a sua natureza mercantil. Toda relação comercial/mercantil é fruto de um jogo de interesses próprios entres as partes baseada num negócio jurídico.

Com efeito, o conceito de negócio jurídico relaciona-se com o princípio da autonomia privada, segundo o qual, cada indivíduo tem a faculdade de estabelecer relações jurídicas com os demais, de acordo com a sua vontade, na medida dos interesses das partes envolvidas. É, portanto, o instrumento jurídico capaz de expressar a vontade de cada, nos limites de seus respectivos interesses, gerando direitos e obrigações juridicamente exigíveis e ou exercitáveis. Claramente, não se confunde com o contrato de trabalho.

Outro ponto relevante, é a comprovação de que o valor a ser eventualmente recebido pelo participante do plano não está diretamente relacionado com a sua prestação de serviços. Não há como atribuir natureza salarial e contraprestativa aos valores auferidos pelos participantes decorrentes da valorização positiva das ações compradas.

O eventual ganho auferido pelo participante decorre exclusivamente da oscilação do mercado acionário e independe da performance do participante. A empresa concedente do SOP não é capaz de determinar no momento da assinatura do contrato se haverá um ganho futuro para o participante. Neste sentido, inclusive, já se posicionou o Tribunal Superior do Trabalho:

> "[...] 4. Stock Options. O programa pelo qual o empregador oferta aos empregados o direito de compra de ações (previsto na Lei de Sociedades Anônimas, nº 6.404/1976, art. 168, §3º) não proporciona ao trabalhador uma vantagem de natureza jurídica salarial. Isso porque, embora a possibilidade de

efetuar o negócio (compra e venda de ações) decorra do contrato de trabalho, o obreiro pode ou não auferir lucro, sujeitando-se ás variações do mercado acionário, detendo o benefício natureza jurídica mercantil. O direito, portanto, não se vincula à força de trabalho, não detendo caráter contraprestativo, não se lhe podendo atribuir índole salarial. Recurso de revista não conhecido. [...]."
(RR 217800-35.2007.5.02.0033, Relator Ministro Maurício Godinho Delgado, 6ª Turma, Julgado em 17.11.2010)

Outro ponto que difere o SOP do conceito de remuneração é a sua não obrigatoriedade. No caso da remuneração, o empregado não tem a opção de não receber aquele valor mensal. A partir do momento em que é contratado no regime celetista, o pagamento de remuneração é obrigatório por parte do empregador e o empregado não tem qualquer gerência sobre este fato.

Por outro lado, os contratos de SOP são sempre opcionais. Em outras palavras, por se tratar de contrato mercantil, é preciso que ambas as partes manifestem a vontade de participar e se sujeitar àquelas regras.

A voluntariedade é caracterizada pela condição de que em um primeiro momento o participante deve assinar o contrato para participar do SOP. Posteriormente, essa manifestação de vontade também é verificada no momento de exercício das ações, após cumpridas as condições previstas no respectivo plano de opção. Em nenhum momento existe uma imposição por parte do empregador.

Ainda buscando diferenciar o conceito de remuneração das características dos planos de concessão de ações, destacamos a questão da onerosidade. Via de regra, os participantes dos SOP, no momento do exercício da ação, ou scja, após o *vesting period* devcm pagar um valor pré-determinado por aquela ação.

Diferentemente do conceito de remuneração, em que o empregado presta serviços e recebe um valor em contraprestação ao serviço, no caso dos contratos de concessão de ações, o participante necessariamente deve pagar, desembolsar caixa, para ter direito ao exercício das ações. Pois bem, não é algo que o empregador concede gratuitamente ao empregado/participante.

Diretamente ligada à característica da onerosidade, existe nos planos de concessão de ações o risco na operação. Diferentemente do que ocorre no pagamento de salário/remuneração, em que o empregado sabe exatamente o valor que irá receber ao final da prestação de serviços, no caso dos contratos analisados neste trabalho, o participante não tem uma garantia da quantia que irá receber no momento da venda das ações.

Assim, durante o *lock-up period* (após o pagamento pelas ações e no período em que o participante ainda não pode vendê-las), o participante corre um risco concreto de perda. Caso as ações compradas se desvalorizem significativamente (risco de todo investimento referenciado em ações), o participante pode não auferir qualquer lucro, como pode ter um prejuízo substancial, em casos extremos de desvalorização das ações.

Por fim, destacamos outra diferença importante entre o contrato objeto deste artigo e a possibilidade de caracterização de natureza salarial da verba: a habitualidade. A legislação previdenciária em nenhum momento estabelece o limite temporal para definir a habitualidade na obtenção do ganho pelo empregado, deixando a análise para cada caso concreto enfrentado.

Porém, pode-se fazer um paralelo com a frequência permitida de pagamento das participações nos lucros e resultados de que trata a Lei nº 10.101/00, qual seja que: o pagamento seja efetuado por no máximo duas vezes ao ano, com intervalo não inferior a um trimestre civil.

Assim, poder-se-ia cogitar na não habitualidade dos ganhos auferidos por participantes de planos de ações, caso ocorridos por mais de duas vezes ao ano, ou com regularidade inferior a um trimestre civil, ou seja, de forma mais constante e efetiva que a própria participação nos resultados.

Seria um total contrassenso sustentar habitualidade em um ganho anual que só se concretiza em intervalo de deliberação personalíssima do participante (após o *lock-up period*), quando outro instrumento de incentivo ao empregado – ressalvadas as diferenças jurídicas dos dois institutos – admite seu pagamento duas vezes anos.

Além disso, o contrato de concessão de ações é firmado uma única vez, sem qualquer garantia de que será firmado anualmente, isto porque, como já mencionado acima, trata-se de um contrato bilateral que exige a manifestação de vontade de ambas as partes. Assim, é incabível que este tipo de contrato seja considerado habitual para fins de recolhimento da contribuição previdenciária.

Diante do exposto, concluímos para fins desse estudo que o contrato de concessão de ações não deve ser considerado como de natureza remuneratória quando possuir as seguintes características:

(I) ser firmado como contrato bilateral de natureza comercial, entre uma determinada sociedade e seus funcionários beneficiários – natureza mercantil;

(II) outorgar a esses indivíduos o direito de comprar, em uma data futura, ações dessa sociedade ou de sua controladora, por um preço previamente especificado e dentro de prazo predeterminado, segundo os critérios estabelecidos por ocasião da outorga;

(III) ser eventual, ou seja, não houver qualquer garantia de que a empresa irá firmar este tipo de contrato regularmente; e

(IV) apresentar risco na operação: a empresa não pode ser capaz de garantir um ganho futuro ao participante. A variação de valor das ações concedidas deverá oscilar de acordo com o mercado mobiliário.

4. Posicionamento da Receita Federal do Brasil

Apesar das conclusões acima, a Receita Federal do Brasil ("RFB") possui entendimento no sentido de que os contratos de concessão de ações têm natureza salarial. Esta situação pôde ser facilmente verificada através das diversas decisões proferidas nos últimos dois anos pelo Conselho Administrativo de Recursos Fiscais ("CARF").

A existência de diversas decisões recentes nos leva à conclusão de que houve uma intensa fiscalização pelas Autoridades Fiscais nos planos de concessões de ações concedidos nas empresas.

Ademais, conforme tabela elaborada pela Receita Federal do Brasil[21], no ano de 2014, somente as autuações previdenciárias de contribuição patronal representaram 13,3% do total dc autuaçõcs do ano.

Nesse sentido, destacamos abaixo um artigo escrito por Mauro José Silva, auditor-fiscal da Receita Federal do Brasil[22]. Ao analisar os contratos

---

[21] Receita Federal do Brasil. **Plano Anual da Fiscalização da Secretaria da Receita Federal do Brasil para o ano-calendário de 2015, quantidade, principais operações fiscais e os valores esperados de recuperação de crédito tributário. Resultados de 2014.** P. 10. Disponível em <http://idg.receita.fazenda.gov.br/dados/resultados/fiscalizacao/arquivos-e-imagens/12015_03_05-plano-anual-da-fiscalizacao-2015-e-resultados-2014.pdf>. Acesso em 3 jul. 2015.

[22] SILVA, Mauro José. Natureza jurídica e a incidência das contribuições previdenciárias sobre as vantagens oriundas de planos de opções de ações (stock option plan). A situação brasileira e o direito comparado. Revista da Receita Federal: estudos tributários e aduaneiros. Brasília-DF, v.01, n.01, p. 189-212, ago./dez. 2014.

de SOP, os resultados são totalmente opostos às conclusões do presente artigo, vejamos:

> "Nossa conclusão é no sentido de assumir que a operação que envolve o SOP não tem natureza mercantil, embora o negócio jurídico subjacente seja, em regra, um negócio mercantil. Ou seja, no caso de um SOP, o negócio tipicamente mercantil de opções de compra de ações é utilizado numa operação não mercantil, tendo em conta que esta não envolve oferta ampla ao mercado e sim oferta restrita a um grupo de prestadores de serviço ligados à ofertante.
>
> (...)
>
> No momento da concessão do SOP, o prestador de serviço recebe um direito de optar pela compra de ações da empresa, ou de alguma empresa do grupo, numa determinada data, ou a partir de um determinada data. Na quase totalidade dos SOP, o prestador não pode transferir tal direito, logo eventual vantagem para o prestador só virá no momento no qual exercer seu direito de compra das ações. Ou seja, após o exercício da opção, o prestador terá adquirido um vantagem econômica correspondente a diferença entre o valor de exercício e o valor de mercado da ação. Nesse momento, se é permitido ao prestador de serviços vender a ação, como acontece na maioria dos SOP, o prestador de serviços opta por vender as ações ou mantê-las em seu patrimônio. Porém, a vantagem econômica já se completou e a decisão de não efetivar a vantagem em espécie não é mais tomada como prestador de serviços e sim como investidor.
>
> Assim considerado, devemos tomar o aspecto temporal do fato gerador das contribuições previdenciárias como o momento no qual ocorre o exercício das opções e a aquisição das ações."

Considerando que até o momento não existe legislação previdenciária sobre o tema SOP, os auditores fiscais utilizam argumentos genéricos para justificar os autos de infração e referências a legislação tributária e contábil.

De acordo com a Receita Federal do Brasil, a existência do Pronunciamento Técnico CPC 10, que menciona expressamente que o pagamento de ações é uma forma de remuneração pelo serviço prestado, é suficiente para caracterizar a natureza remuneratória da verba.

Contudo, como já explicado acima, as normas contábeis não têm eficácia e/ou capacidade para criação de uma nova base de cálculo da contribuição previdenciária. Além disso, este Pronunciamento Técnico é referente a regras contábeis e societárias e o seu descumprimento somente gera efeitos e consequências nas esferas contábil e societária. Este tipo de norma não tem o condão de descaracterizar a natureza mercantil de um plano de opção de compra de ações.

Até a finalização do presente artigo, não encontramos nenhuma Solução de Consulta sobre o tema, tendo as conclusões acima sido elaboradas com base nos acórdãos proferidos pelo CARF.

5. Posicionamento do Conselho Administrativo de Recursos Fiscais

Até o momento o CARF não tem um posicionamento consolidado a respeito da incidência ou não da contribuição previdenciária nos pagamentos decorrentes dos SOP. Com base nos Acórdãos disponibilizados até o momento os Conselheiros analisam as características específicas de cada SOP para ao final determinarem sobre a natureza remuneratória ou não. Percebemos, entretanto, que existem contradições entre os julgamentos para cada caso específico e a opinião do CARF não pode ser considerada unânime.

Além disso é importante considerar que recentemente o CARF sofreu uma reestruturação com a mudança de todos os conselheiros de representação dos contribuintes. Certamente, estas alterações na composição do Conselho irão afetar os novos julgamentos sobre o tema SOP.

Assim, selecionamos abaixo alguns casos emblemáticos decididos na antiga composição do CARF (sob a égide do Regimento Interno aprovado pela Portaria MF nº 256/2009) e alguns julgados realizados já na nova composição, a partir de dezembro de 2015 (sob a égide do Regimento Interno aprovado pela Portaria MF nº 343/2015[23]).

Processo	Empresa	Resultado	Data da Sessão
10830.720565/2012-30 10830.720566/2012-84	Anhanguera Educacional Participações S.A.	Desfavorável	10.9.2014
15889.000245/2010-46	Cosan S/A Indústria e Comércio	Desfavorável	20.6.2013
10980.724030/2011-33 10980.724031/2011-88	ALL – América Latina Logística S.A.	Desfavorável	18.6.2013

---

[23] Informações disponíveis no site do CARF: <http://idg.carf.fazenda.gov.br/> Acesso em 14.6.2016.

16327.721267/2012-33	BM&F BOVESPA S.A. – Bolsa de Valores, Marcadorias e Futuros	Favorável	11.2.2015
10925.723207/2011-49	Sadia S.A.	Favorável	5.11.2014
16327.721264/2012-08	Itaú Unibanco Holding S.A.	Favorável	17.2.2016
10980.727432/2013-51	GVT Holding S.A.	Desfavorál	17.2.2016

As decisões analisam cada aspecto peculiar do SOP. Portanto, fazer um "placar" com os resultados obtidos nos julgamentos não traduz a realidade fática do posicionamento do Conselho. Assim, vamos discorrer brevemente sobre cada julgado.

No caso Anhanguera o resultado foi desfavorável ao contribuinte, tendo sido considerado que o SOP tem natureza remuneratória. O único argumento utilizado pelo relator do Acórdão nº 2301-004.137 para considerar a verba de natureza remuneratória foi que o SOP decorre da prestação de serviços e está caracterizada a subordinação e dependência do participante à empresa.

Fato interessante deste julgamento é que o próprio relator consignou que existia o risco da operação para o participante, mas este fato não era suficiente para caracterizar o contrato como mercantil cível.

Trecho do voto do Relator – Conselheiro Wilson Antonio de Souza Corrêa

> "Este diapasão não vi no contrato celebrado nenhum risco que corre a Recorrente na relação, ficando tão somente ao trabalhador que presta seu serviço em troca de um possível ganho de capital. Ora, isto fere a relação frontalmente, a medida que não há equidade nela. Se a Recorrente estivesse contratando uma empresa prestadora de serviço, penso que as partes (empresários) encontrar-se-iam em mesmo nível de poder e de risco, ou seja, não haveria submissão, dependência remuneratória, controle e outros quejandos que caracterizam o contrato de trabalho, porque estariam em pé de igualdade. Mas, quando se contrata uma pessoa física e exige dela a condição essencial de prestar serviço para valer-se da oportunidade de compra de ação, e sobretudo, se o risco maior é unicamente do contratado/trabalhador, configurada está a relação mercantil trabalhista."

Já no caso Cosan, a existência de risco do SPO foi analisada sob outra perspectiva. De acordo com o Voto Vencedor, proferido pelo Conselheiro Marcelo Oliveira, para que o SOP não tenha caráter remuneratório é preciso que sejam cumpridos certos requisitos, como incerteza e risco. No entanto, no caso Cosan, o plano de *stok option* era similar a um o *Restricted Stock Units Plan*, explicado no Capítulo III, subcapítulo III.B, ou seja, não existia risco para o participante uma vez que as ações foram outorgadas de forma gratuita.

Outro caso emblemático foi o julgamento do SOP da empresa ALL, também desfavorável ao contribuinte (Acórdão nº 2401-003.044):

> "ASSUNTO: CONTRIBUIÇÕES SOCIAIS PREVIDENCIÁRIAS Período de apuração: 01/01/2006 a 31/12/2008 AIOP (37.260.5230) PREVIDENCIÁRIO CUSTEIO AUTO DE INFRAÇÃO OBRIGAÇÃO PRINCIPAL CONTRIBUINTES INDIVIDUAIS PLANO DE OPÇÃO PARA COMPRA DE AÇÕES STOCK OPTIONS NATUREZA SALARIAL DESVIRTUAMENTO DA OPERAÇÃO MERCANTIL CARACTERÍSTICAS DOS PLANOS AFASTAM O RISCO
>
> Em sua concepção original o stock option é mera expectativa de direito do trabalhador (seja empregado, autônomo ou administrador), consistindo em um regime de opção de compra de ações por preço préfixado, concedida pela empresa aos contribuintes individuais ou mesmo empregados, garantindolhe a possibilidade de participação no crescimento do empreendimento (na medida que o sucesso da empresa implica, valorização das ações no mercado), não tendo inicialmente caráter salarial, sendo apenas um incentivo ao trabalhador após um período prédeterminado ao longo do curso do contrato de trabalho.
>
> Em ocorrendo o desvirtuamento do stock options em sua concepção inicial, qual seja, mera operação mercantil, seja, pela concessão e empréstimos, possibilidade de venda antecipada, troca de planos, correlação com o desempenho para manutenção de talentos, fica evidente a intenção de afastar (ou minimizar) o risco atribuído ao próprio negócio, caracterizando uma forma indireta de remuneração.
>
> Na maneira como executado, passa o negócio a transparecer, que a verdadeira intenção era ter o empregado a opção de GANHAR COM A COMPRA DAS AÇÕES; não fosse essa a intenção da empresa, por qual motivo a recorrente teria alterado os planos existentes em 2006 e 2007, permitido empréstimos cuja quitação davase pela venda de ações cujo totalidade do direito

ainda não havia se integralizado ou recebimento de participação em lucros e resultados, em relação a contribuintes individuais.

Correto o procedimento fiscal que efetivou o lançamento do ganho real, (diferença entre o preço de exercício e o preço de mercado no momento da compra de ações.), considerando os vícios apontados pela autoridade fiscal. (...) Recurso Voluntário Provido em Parte."

Neste caso, como se verifica da ementa transcrita acima, o CARF também reconhece que inicialmente um SOP tem natureza mercantil. Contudo, ao não cumprir certos requisitos, como por exemplo, a concessão de empréstimos para aquisição das ações, objetiva-se diminuir o risco do participante e, consequentemente, aquele plano torna-se remuneratório.

Ademais, neste caso concreto, a relatora Cristina Monteiro e Silva Vieira também pontuou que a empresa alterava seus planos de SOP anualmente a fim de favorecer os participantes e evitar o risco do negócio. Neste caso, além da intenção de retirar o risco do negócio, característica essencial para o negócio mercantil, fica comprovada a "habitualidade", característica de remuneração. Vejamos:

Trecho do voto da Conselheira Cristina Monteiro e Silva Vieira

"Ou seja, destacou a autoridade fiscal que a troca de planos em função da desvantagem econômica gerada pelo plano anterior pela crise mundial de ações, demonstra que a empresa afastou o fator determinante ao Stock Options, qual seja: o risco da oscilação do valor das ações no mercado. No caso, ao criar novo plano baixando o valor de exercício das ações, adequando o valor para o novo valor de mercado, e efetuando a troca de ações, afastou o recorrente o prejuízo do trabalhador (ou mesmo seu desinteresse), o que demonstra a sua nítida intenção em atribuir o plano como uma modalidade de ganho indireto ao trabalhador. O direito de trocar as ações era permitido até mesmo para aqueles as quais já havia decaído o direito de opção.

Não merece guarida o argumento de que a troca de plano tem por objetivo proteger patrimônio da entidade. No próprio recurso o recorrente descreve que o cancelamento dos planos de 2007 e 2008, também almejou a preservação da sua finalidade: manter talentos, por intermédio da adesão a um plano de opção de compra de ações que pudesse proporcionar uma mínima expectativa de ganhos futuros aos trabalhadores. Ora, o risco do Stock Options é justamente esse, enfrentar o trabalhador, a incerteza de possíveis perdas. Não vejo, que o recorrente tenha se desincumbido de afastar as alegações fiscais quanto a esse ponto, razão porque mantenho o lançamento. A empresa cria planos anualmente, conforme dito anteriormente, nada impede que os planos posteriores estabeleçam novas regras, e se adequem dali em diante a realidade do mercado. Mas, o fato de promover o cancelamento, promovendo regras mais benéficas, demonstra, no meu entender, que a empresa desejou afastar o risco consumado pela crise internacional. Ou seja, a intenção era que o trabalhador obtivesse ganho, com a opção. Às fls. 148, identificamos o cancelamento do plano 2009, bem como transcrições das deliberações acerca do tema nas páginas subsequentes."

No caso BM&F Bovespa a autuação foi julgada improcedente. Ocorre que com relação ao mérito do SOP, a relatora Elaine Cristina Monteiro e Silva Vieira entendeu que inexistia risco ao participante, considerando que o valor previsto no plano para exercício da ação era de R$ 1,00, enquanto o valor de mercado era de R$ 23,06.

Apesar desta constatação, a autuação foi cancelada em razão de equívoco da fiscalização ao determinar o momento do fato gerador e apurar a base de cálculo da contribuição. Nesse sentido, o estudo realizado pelo Núcleo de Estudos Fiscais da FGV Direito SP[24] resumiu o caso:

"No acórdão nº 2401-003.891, julgado em 11 de fevereiro de 2015, foi cancelada a autuação fiscal, por unanimidade de votos, em razão da discrepância entre o fato gerador e a base de cálculo adotados pela autoridade fiscal. Isso porque a autoridade fiscal entendeu que o fato gerador das contribuições previdenciárias ocorreria no encerramento do período de carência (vesting), ao passo que a 1ª Turma Ordinária da 4ª Câmara da Segunda Seção, seguindo o mesmo entendimento mencionado acima, concluiu pela ocorrência do fato gerador no momento do efetivo exercício do direito de adquirir as ações.

Como consequência do entendimento acima, na maioria dos acórdãos em que o CARF concluiu pela natureza remuneratória dos stock option plans, a base de cálculo utilizada correspondeu ao valor de mercado das ações no momento do exercício das opções de compra, menos o preço de exercício pago pelo beneficiário."

[24] VASCONCELOS, Breno Ferreira Martins, SILVA, Daniel Souza Santiago da, SANTI, Eurico Marcos Diniz de, DIAS, Karen Jureidini, HOFFMANN, Susy Gomes. OBSERVATÓRIO DO CARF: A TRIBUTAÇÃO DOS PLANOS DE STOCK OPTION. Núcleo de Estudos Fiscais da FGV Direito SP. São Paulo: Março, 2016. Disponível em <http://jota.uol.com.br/observatorio-do-carf-a-tributacao-dos-planos-de-stock-option>. Acesso em 15.3.2016

No caso Sadia, julgado favoravelmente ao contribuinte, tanto o mérito do SOP quanto a questão do fato gerador foram analisadas, conforme ementa transcrita abaixo:

"ASSUNTO: CONTRIBUIÇÕES SOCIAIS PREVIDENCIÁRIAS Exercício: 2006, 2007, 2008 STOCK OPTION PLANS. PLANO OPÇÃO DE COMPRA DE AÇÕES SEM PARTICIPAÇÃO FINANCEIRA DA EMPREGADORA. NATUREZA NÃO REMUNERATÓRIA. NÃO INCIDÊNCIA DE CONTRIBUIÇÕES PREVIDENCIÁRIAS. Nos casos de opção de compra de ações das empregadoras pelos empregados ou diretores sem apoio financeiro daquelas, mediante preço representativo ao de mercado, não considera-se remuneração, nem fato gerador de contribuições previdenciárias, pois representam apenas um ato negocial da esfera civil/empresarial. AFERIÇÃO INDIRETA. ARBITRAMENTO DE BASE DE CÁLCULO. DESCONSIDERAÇÃO DE ATO NEGOCIAL PRIVADO. NECESSIDADE DE DEMONSTRAÇÃO DE FUNDAMENTAÇÃO E CRITÉRIOS DE APURAÇÃO. VÍCIO MATERIAL. NULIDADE. Trata-se de aferição indireta ou arbitramento da base de cálculo quanto a fiscalização utiliza uma ficção ou presunção da ocorrência do fato gerador, cabível apenas quando não merecer fé a documentação apresentada ou dificuldades de sua obtenção. Deve ainda indicar e fundamentar a aplicação do preceito legal que autorizam tais métodos de apuração, artigos 148, do CTN, e art. 33, §6º, da Lei n. 8212/1991. Desobediência pela fiscalização de tais exigências, gera vícios materiais do ato de constituição do crédito e sua nulidade. Recurso Voluntário Provido – Crédito Tributário Exonerado"

De acordo com o relator Gustavo Vettorato, as autoridades fiscais interpretaram de maneira incorreta o Pronunciamento Técnico CPC 10, ao considerar de maneira genérica e ampla que qualquer forma de concessão de ações será remuneração para fins previdenciários. O relator ainda destaca que no SOP da Sadia está clara a existência de risco exclusivo para o participante, levando-se em conta a volatilidade do mercado de ações.

Outro ponto analisado no acórdão foi de que a empresa não tem qualquer relação com a aquisição das ações, já que o participante pode negociá-las no mercado, ou seja, quem paga pelas ações após o *lock-up period* é um terceiro e não a empresa. Inclusive, a existência do *lock-up period* foi essencial para caracterização do plano como de natureza mercantil.

Ao final, foi analisada a questão do fato gerador, também analisado no caso BM&F Bovespa. De acordo com o relator Gustavo Vettorato, o fato gerador só ocorre após a **venda das ações** (após o *lock-up period),* sob pena de configuração de aferição indireta ou arbitramento da base de cálculo, o que só é possível em casos de sonegação ou em que os documentos não sejam confiáveis.

Diferentemente, no caso da BM&F Bovespa, o entendimento foi de que é possível que o fato gerador ocorra após o *vesting period*, desde que o participante exerça suas ações.

Os casos analisados até o momento foram julgados na antiga composição do CARF. Passamos agora a analisar dois casos julgados em fevereiro de 2016, portanto, considerando a nova composição.

O primeiro caso, da empresa GVT, foi desfavorável ao contribuinte. O CARF manteve a mesma linha de raciocínio de alguns casos julgados na composição anterior para determinar que na ausência de onerosidade para concessão das ações o SOP é considerado remuneração. Contudo, neste caso, o relator Kleber Ferreira de Araújo trouxe para discussão a questão da habitualidade.

Para o conselheiro, o fato do SOP permitir resgates anuais por período de quatro anos consecutivos configura habitualidade e, portanto, cumpre os requisitos para incidência da contribuição previdenciária.

Também foi analisado o momento do fato gerador e manteve-se o entendimento adotado no caso BM&F Bovespa de que o fato gerador ocorre somente após o efetivo exercício das ações pelo participante.

Por fim, mencionamos o caso do Itaú-Unibanco, julgado em fevereiro de 2016 de forma favorável ao contribuinte. Neste caso específico, o relator Kleber Ferreira de Araujo analisou tão somente a questão do fato gerador. Para o conselheiro, as autoridades fiscais equivocaram-se ao eleger como fato gerador o dia posterior ao término do *vesting period*. De acordo com o relator o fato gerador só ocorre após o exercício das ações, momento em que estão disponíveis para venda.

Com base nas decisões analisadas, é possível perceber que não existe unanimidade entre os conselheiros do CARF. Ora considera-se o risco como inerente da atividade laboral, ora considera-se requisito essencial do contrato mercantil. Ora considera-se habitualidade o fato da existência de resgates anuais referentes ao *vesting period* enquanto em outros casos a habitualidade só pode ser verificada caso existam contratos firmados anualmente. Também verificamos que existem divergências até mesmo quanto à determinação do fato gerador: ocorre no exercício da ação ou na venda destas ações?

6. Fato Gerador e Base de Cálculo da Eventual Contribuição

Como demonstrado ao longo do presente artigo, entendemos que os SOP não têm natureza remuneratória e, portanto, não são base de incidência da contribuição previdenciária.

No entanto, considerando as incertezas do cenário atual, é relevante analisarmos qual seria o fato gerador da contribuição previdenciária, caso o SOP seja considerado como remuneração, bem como a base de cálculo da contribuição.

Como vimos no capítulo anterior, o CARF ainda não consolidou o seu entendimento sobre o tema. Por outro lado, a RFB já consolidou um entendimento arrojado, segundo o qual considera-se como fato gerador o dia posterior ao término do *vesting period*. Em outras palavras, no momento em que é possível exercer a ação, ocorre o fato gerador, mesmo que o participante não tome qualquer providência para o seu exercício.

De acordo com o artigo 22, inciso I, da Lei nº 8.212/91, em linhas gerais, é devida a contribuição previdenciária sobre a remuneração paga ao empregado em razão da prestação de serviços. Portanto, somente há incidência da contribuição quando ocorre efetivamente o pagamento de algum valor em favor do empregado, ou ao mesmo, no momento em que empregado aufira remuneração/dinheiro.

Por outro lado, no momento do fato gerador adotado pela RFB não é possível verificar qualquer remuneração/pagamento em favor do participante. Ademais, antes do efetivo exercício das ações, o participante sequer tem qualquer direito sobre aquela ação.

Nesta situação, a descrição do crédito tributário ficará imprecisa, violando o disposto no artigo 142 do CTN:

> "Art. 142. Compete privativamente à autoridade administrativa constituir o crédito tributário pelo lançamento, assim entendido o procedimento administrativo tendente a verificar a ocorrência do fato gerador da obrigação correspondente, determinar a matéria tributável, calcular o montante do tributo devido, identificar o sujeito passivo e, sendo caso, propor a aplicação da penalidade cabível."

Como bem colocado pelo relator Gustavo Vettorato no julgamento do caso Sadia, trata-se de uma aferição indireta ou arbitramento da base de cálculo, hipóteses restritas de apuração da base de cálculo, que devem obedecer ao disposto no artigo 148 do CTN[25] e artigo 33, §6º da Lei nº 8.212/91[26].

O entendimento majoritário do CARF é no sentido de que o fato gerador ocorre no momento do exercício das ações. Neste caso, a base de cálculo deve ser apurada pela diferença entre o valor pago pelo participante e o valor real das ações conforme o mercado de ações.

Contudo, ainda neste momento, não é possível apurar a remuneração do participante. Isto porque as ações não foram vendidas e é impossível verificar o real ganho/vantagem financeira obtida pelo participante. Com efeito, após o exercício das ações, a venda não é automática, ou seja, o participante ainda está sujeito ao *lock-up period* em que as ações ficam sujeitas às variações do mercado e podem inclusive reduzir seu valor para um valor inferior ao montante efetivamente pago pelo participante.

Portanto, entendemos que, em caso de consideração do SOP como remuneração, o fato gerador só ocorre após a venda das ações no mercado. Nesse sentido, destacamos o entendimento de Rodrigo de Freitas[27]:

> "Além disso, é importante destacar que somente há que se falar em salário, remuneração ou ganho quando se tratar de direito que efetivamente ingressou no patrimônio do segurado, seja ele pago (liquidado financeiramente) ou apenas creditado por já ser devido. Este acréscimo patrimonial deve estar efetivamente realizado, ou seja, deve estar definitivamente incorporado no

---

[25] Art. 148. Quando o cálculo do tributo tenha por base, ou tome em consideração, o valor ou o preço de bens, direitos, serviços ou atos jurídicos, a autoridade lançadora, mediante processo regular, arbitrará aquele valor ou preço, sempre que sejam omissos ou não mereçam fé as declarações ou os esclarecimentos prestados, ou os documentos expedidos pelo sujeito passivo ou pelo terceiro legalmente obrigado, ressalvada, em caso de contestação, avaliação contraditória, administrativa ou judicial.

[26] "Art. 33. À Secretaria da Receita Federal do Brasil compete planejar, executar, acompanhar e avaliar as atividades relativas à tributação, à fiscalização, à arrecadação, à cobrança e ao recolhimento das contribuições sociais previstas no parágrafo único do art. 11 desta Lei, das contribuições incidentes a título de substituição e das devidas a outras entidades e fundos. (...) § 6º Se, no exame da escrituração contábil e de qualquer outro documento da empresa, a fiscalização constatar que a contabilidade não registra o movimento real de remuneração dos segurados a seu serviço, do faturamento e do lucro, serão apuradas, por aferição indireta, as contribuições efetivamente devidas, cabendo à empresa o ônus da prova em contrário."

[27] FREITAS, Rodrigo de. Contribuições previdenciárias e os ganhos de administradores ou empregados decorrentes de Stock Option Plan (SOP). In: MOSQUERA, Roberto Quiroga e LOPES, Alexsandro Broedel. Controvérsias jurídico-contábeis (aproximações e distanciamentos). São Paulo: Dialética, 2015, p. 526

patrimônio do empregado ou do contribuinte individual. Dessa forma, não é possível se falar em remuneração quando o ganho é meramente potencial e ainda pendente de um evento futuro para sua realização."

Somente após a venda das ações no mercado é possível a apuração correta da base de cálculo, que seria a diferença entre o valor efetivamente pago pelo participante na data do exercício da ação e o valor de venda dessas mesmas ações.

7. Conclusão

No início deste trabalho foi feita uma breve análise das regras gerais da contribuição previdenciária, tendo como base a Constituição Federal e a Lei nº 8.212/91. Com base nesta exposição, concluímos que a contribuição previdenciária só deve incidir sobre os pagamentos realizados em favor do empregado de maneira habitual e para retribuir o trabalho prestado.

Posto isto, foram analisadas as regras gerais dos planos de concessão de ações e os diferentes tipos de plano. A partir desta explanação, foi determinado que o tema do presente trabalho de análise se limitasse aos efeitos do Stock Option Plan (SOP).

A partir da análise detalhada do SOP, tomando como base diversos artigos e entendimentos de diferentes doutrinadores, traçamos as principais características de um SOP para que seja considerado um contrato mercantil. As características são: existência de contrato bilateral voluntário, eventualidade, onerosidade e risco na operação.

Ao longo do trabalho, a análise de decisões proferidas pelo CARF possibilitou confirmar que a existência dos requisitos acima nos SOP são essenciais para a não caracterização do plano como salário/remuneração.

Em razão do entendimento da RFB e das incertezas relacionadas ao posicionamento do CARF, analisamos o fato gerador e a base de cálculo da contribuição, assumindo que o SOP teria natureza remuneratória. Nese momento, entendemos que o fato gerador ocorre no momento da venda das ações e a base de cálculo correspondente à diferença do valor de venda e do valor de exercício.

Por fim, concluímos que o SOP não tem natureza salarial e não deve ser considerado base de cálculo da contribuição previdenciária por ter nítida natureza de contrato mercantil. Para a demonstração da existência de natureza mercantil, o SOP deve cumprir os requisitos de existência de contrato bilateral voluntário, eventualidade, onerosidade e risco na operação.

Referências

Livros Base

ATALIBA, Geraldo. **Hipótese de Incidência Tributária**. 6ª. ed. São Paulo: Malheiros, 2014.

BARRETO, Aires, **Base de Cálculo, Alíquota e Princípios Constitucionais**, 2º Edição, 1998. São Paulo, Max Limonad.

CARVALHO, Paulo de Barros. **Curso de Direito Tributário**. 26ª ed. 2014. São Paulo: Saraiva, 2014.

AMARO, Luciano. **Direito Tributário Brasileiro**, 20ª Edição, São Paulo: Saraiva, 2014.

MACHADO. Hugo de Brito. **Curso de Direito Tributário**. 35ª ed. São Paulo: Malheiros, 2014.

SCHOUERI, Luís Eduardo. **Direito Tributário**. 5ª. ed. São Paulo : Saraiva, 2015.

MARTINS, Sergio Pinto. **DIREITO DA SEGURIDADE SOCIAL: Custeio da Seguridade Social. Benefícios – Acidente de Trabalho. Assistência Social – Saúde**. São Paulo: Editora Atlas S.A., 2015, 35ª Ed.

COSTA, Regina Helena. **Curso de Direito Tributário: Constituição e Código Tributário Nacional**. São Paulo: Saraiva, 2015. 5ª ed.

GARCIA, Gustavo Filipe Barbosa. **Curso de direito da seguridade social**. Rio de Janeiro: Forense, 2015.

DELIGNE, Mayse de Sá Pittondo. **Competência tributária residual e as contribuições destinadas à seguridade social**. Belo Horizonte: D'Plácido, 2015.

MARTINEZ, Waldimir Novaes. **Princípios de direito previdenciário**. São Paulo: LTR, 2015. 6. Ed.

TRICHES, Alexandre Shumacher. **Direito processual administrativo previdenciário**. São Paulo: Revista dos Tribunais, 2014.

CARRAZZA, Roque Antonio. **Curso de direito constitucional tributário**. São Paulo: Malheiros, 2015. 30.ed.

PAULSEN, Leandro. **Curso de direito tributário completo**. Porto Alegre: Livraria do Advogado, 2014. 6.ed.

LIBERTUCI, Elisabeth Lewandowski, VITO, Mariana Neves; SOUZA, Luciana Simões de. **Stock options e demais planos de ações: questões tributárias polêmicas e a Lei 12.973/2014**. São Paulo: Editora Revista dos Tribunais, 2015. 187p.

Artigos

CALVO, Adriana. A natureza jurídica dos planos de opções de compra de ações no direito do trabalho (employee stock opition plans). **Revista Bonijuris, v. 18, n. 507, fev. 2006.**

SILVA, Andrea Gonçalves. Stock options plan como uma forma de remuneração flexível. **Dissertação de Mestrado, Faculdade de Direito da Universidade de São Paulo.** São Paulo, 2013.

SILVA, Mauro José. Natureza jurídica e a incidência das contribuições previdenciárias sobre as vantagens oriundas de planos de opções de ações (*stock option plan*). A situação brasileira e o direito comparado. **Revista da Receita Federal: estudos tributários e aduaneiros.** Brasília-DF, v.01, n.01, p. 189-212, ago./dez. 2014.

Mosquera, Roberto Quiroga. Questões Controversas sobre a Participação nos Lucros ou Resultados/PLR e os Rendimentos dos Beneficiados pelo Programa Stock Option. **Revista de Direito Tributário.** n. 121, p. 202-206, dec. 2014.

Cunha, Luiza Fontoura de. Stock options: uma análise sobre sua tributação. **Revista Dialética de Direito Tributário.** n. 203, p. 101-113, ago. 2012.

Cardoso, Oscar Valente. Contribuições previdenciárias e verbas controversas: Stock Options. **Revista Dialética de Direito Tributário.** n. 198, p. 107-114, mar. 2012.

Catão, Marcos André Vinhas. Tributação de stock options. **Revista Dialética de Direito Tributário.** n. 127, p. 57-67, abr. 2006.

Paro, Giácomo e Diniz, Rodrigo de Madureira Pará. A Lei nº 12.973/2014 e a dedutibilidade das despesas com planos de pagamento baseados em ações. **Revista Dialética de Direito Tributário.** n 237, p. 37, jun. 2015.

Crestani, William Roberto e Figueiredo, Fernanda Balieiro. Decisões do Carf apontam cuidados na criação de planos de Stock Option. **Consultor Jurídico.** 14 abr. 2015. Disponível em <http://www.conjur.com.br/2015-abr-14/decisoes-carf-apontam-cuidados-criacao-stock-option?imprimir=1>. Acesso em: 30 jun. 2015.

Akamine, Ricardo Hiroshi. Contribuições Sociais Não Devem Incidir em Stock Options de Empresas Fechadas. **Consultor Jurídico.** 25 abril. 2015. Disponível em <http://www.conjur.com.br/2015-abr-23/ricardo-akamine-tributacao-stock-options-empresas-fechadas>. Acesso em: 3 jul. 2015.

Freitas, Rodrigo de. Contribuições previdenciárias e os ganhos de administradores ou empregados decorrentes de Stock Option Plan (SOP). In: Mosquera, Roberto Quiroga e LOPES, Alexsandro Broedel. **Controvérsias jurídico-contábeis (aproximações e distanciamentos).** São Paulo: Dialética, 2015, p. 519-549.

Faro, Mauricio Pereira e Meira, Thais de Barros. Incidência de contribuição previdenciária e IRPF sobre benefício de planos de opção de compras de ações (SOPs) e a jurisprudência. In. Mosquera, Roberto Quiroga e Lopes, Alexsandro Broedel. **Controvérsias jurídico-contábeis (aproximações e distanciamentos).** São Paulo: Dialética, 2015, p. 430-450.

Martins, Sergio Pinto. Natureza do Stock Options no Direito do Trabalho. In. Garcia, Gustavo Filipe Barbosa e Alvarenga, Rúvia Zanotelli de. **Direito do Trabalho e Direito Empresarial.** São Paulo: LTR, 2015, p. 125-129.

Galhardo, Luciana Rosanova e Batista, Diego Alves Amaral. Stock options: plano de pagamentos baseados em ações. In. Mosquera, Roberto Quiroga e Lopes, Alexsandro Broedel. **Controvérsias jurídico-contábeis (aproximações e distanciamentos).** São Paulo: Dialética, 2015, p. 311-333.

Costa, Celso e Pacheco, Carlos. Plano de pagamento baseado em ações: a problemática da contabilização e reconhecimento das opções de ações, a partir das inovações da lei nº 12.973/2014. In. Mosquera, Roberto Quiroga e Lopes, Alexsandro Broedel. **Controvérsias jurídico-contábeis (aproximações e distanciamentos).** São Paulo: Dialética, 2015, p. 117-154.

Gonçalves, Carla de Lourdes. Stock options e hiring bônus: sua tributação e a incidência de contribuições da seguridade social. In. Carvalho, Paulo de Barros e Souza, Priscila de. **Sistema Tributário brasileiro e as relações internacionais.** São Paulo: Noeses, 2013, p; 133-142.

Receita Federal do Brasil. **Plano Anual da Fiscalização da Secretaria da Receita Federal do Brasil para o ano-calendário de 2015, quantidade, principais operações fiscais e os valores esperados de recuperação de crédito tributário. Resultados de 2014.** Disponível em <http://idg.receita.fazenda.gov.br/dados/resultados/fiscalizacao/arquivos-e-imagens/12015_03_05-plano-anual-da-fiscalizacao-2015-e-resultados-2014.pdf>. Acesso em 3 jul. 2015.

SILVA, Andrea Gonçalves. **Stock options plan como uma forma de remuneração flexível.** Dissertação de Mestrado, Faculdade de Direito da Universidade de São Paulo. São Paulo, 2013.

WANDERLEY, Thiago Barbosa. **Stock Option: não Incidência da Contribuição Previdenciária e Momento da Incidência do IRPF.** Revista Dialética de Direito Tributário nº 238. Página 129.

CALVO, Adriana. **A natureza jurídica dos planos de opções de compra de ações no direito do trabalho.** Revista Bonijuris – Ano XVIII – Nº 507 – Fevereiro/2006

BARROS, Alice Monteiro de. **Curso de direito do trabalho.** São Paulo: LTr, 2007

Nascimento, Amauri Mascaro. **Salário, Conceito e Proteção**, Ed. LTr, 2008.

Pronunciamento Técnico CPC 10. Disponível em <http://static.cpc.mediagroup.com.br/Documentos/211_CPC_10_R1_rev%2006.pdf>. Acesso em 15.6.2016

VASCONCELOS, Breno Ferreira Martins, SILVA, Daniel Souza Santiago da, SANTI, Eurico Marcos Diniz de, DIAS, Karen Jureidini, HOFFMANN, Susy Gomes. OBSERVATÓRIO DO CARF: A TRIBUTAÇÃO DOS PLANOS DE STOCK OPTION. Núcleo de Estudos Fiscais da FGV Direito SP. São Paulo: Março, 2016. Disponível em <http://jota.uol.com.br/observatorio-do-carf-a-tributacao-dos-planos-de-stock-option>. Acesso em 15.3.2016

Base jurisprudencial

BRASÍLIA. Conselho Administrativo de Recursos Fiscais. Acórdão nº 2301-004.137, Anhanguera Educacional Participações S.A. e Fazenda Nacional. Relator Wilson Antonio de Souza Corrêa. **Brasília, publicado em 19 fev. 2015.** Disponível em <https://idg.carf.fazenda.gov.br/>. Acesso em 3 jul. 2015.

BRASÍLIA. Conselho Administrativo de Recursos Fiscais. Acórdão nº 2301-004.137, Anhanguera Educacional Participações S.A. e Fazenda Nacional. Relator Wilson Antonio de Souza Corrêa. **Brasília, publicado em 19 fev. 2015.** Disponível em <https://idg.carf.fazenda.gov.br/>. Acesso em 3 jul. 2015.

BRASÍLIA. Conselho Administrativo de Recursos Fiscais. Acórdão nº 2401-003.044, ALL – América Latina Logística S.A e Fazenda Nacional. Relator Wilson Antonio de Souza Corrêa. **Brasília, publicado em 22 jul. 2014.** Disponível em <https://idg.carf.fazenda.gov.br/>. Acesso em 3 jul. 2015.

BRASÍLIA. Conselho Administrativo de Recursos Fiscais. Acórdão nº 2401-003.045, ALL – América Latina Logística S.A. e Fazenda Nacional. Relator Wilson Antonio de Souza Corrêa. **Brasília, publicado em 22 jul. 2014.** Disponível em <https://idg.carf.fazenda.gov.br/>. Acesso em 3 jul. 2015.

BRASÍLIA. Conselho Administrativo de Recursos Fiscais. Acórdão nº 2301-003.597, COSAN S.A. Indústria e Comércio e Fazenda Nacional. Relator Wilson Antonio de

Souza Corrêa. **Brasília, publicado em 22 abr. 2014.** Disponível em <https://idg.carf.fazenda.gov.br/>. Acesso em 3 jul. 2015.

BRASÍLIA. Conselho Administrativo de Recursos Fiscais. Acórdão nº 2401-003.891, BM&F BOVESPA S.A. – Bolsa de Valores, Mercadorias e Futuros. e Fazenda Nacional. Relator Wilson Antonio de Souza Corrêa. **Brasília, publicado em 30 abr. 2015.** Disponível em <https://idg.carf.fazenda.gov.br/>. Acesso em 3 jul. 2015.

BRASÍLIA. Conselho Administrativo de Recursos Fiscais. Acórdão nº 2401-003.888, ITAU Unibanco Holding S.A. e Fazenda Nacional. Relator Wilson Antonio de Souza Corrêa. **Brasília, publicado em 7 mai. 2015.** Disponível em <https://idg.carf.fazenda.gov.br/>. Acesso em 3 jul. 2015.

BRASÍLIA. Conselho Administrativo de Recursos Fiscais. Acórdão nº 2402-005.011, UNIBANCO-UNIÃO DE BANCOS BRASILEIROS S.A. e Fazenda Nacional. Relator Kleber Ferreira de Araujo. **Brasília, publicado em 10 mar. 2016.** Disponível em <https://idg.carf.fazenda.gov.br/>. Acesso em 18.5.2016.

BRASÍLIA. Conselho Administrativo de Recursos Fiscais. Acórdão nº 2402-005.010, GVT (HOLDING) S.A. e Fazenda Nacional. Relator Kleber Ferreira de Araujo. **Brasília, publicado em 10 mar. 2016.** Disponível em <https://idg.carf.fazenda.gov.br/>. Acesso em 18.5.2016

O Regime Tributário das Opções de Compra de Ações "*Stock Option*" Outorgadas a Empregados e Administradores por Empresas Brasileiras

IVA MARIA SOUZA BUENO

Introdução

Os planos de opção de compra de ações oferecidos a empregados e administradores possuem previsão legal, porém não têm suas características e natureza devidamente especificados na legislação brasileira, sendo, dessa forma, matéria de grandes discussões.

O tema ainda não foi exaurido em outros trabalhos e publicações sendo fonte de inúmeros debates. Há posições divergentes sobre o assunto a serem questionadas e repensadas, sendo diversos e conflitantes os atuais entendimentos sobre o assunto.

Ademais, a alteração legislativa trazida pela Lei nº 12.973, de 13 de maio de 2014, inovou conceitos e debates acerca do tema escolhido. Com o advento desta Lei prevendo a possibilidade de dedutibilidade da remuneração baseada em ações, as discussões, principalmente relacionadas à caracterização ou não dos planos de opção de compra de ações como forma de remuneração, se acaloraram, dando oportunidade para novos pensamentos e reflexões sobre o tema.

A opção de compra de ações tem sido cada vez mais utilizada como forma de pagamento a empregados e administradores por ser um instrumento motivacional e também que pode aumentar o tempo de permanência e dedicação do empregado ou administrador na empresa. Portanto é matéria de grande interesse das empresas, estando o presente trabalho diretamente relacionado a temas cotidianos demandados aos escritórios.

A inexistência de legislação específica sobre o assunto gera significativa insegurança jurídica quanto aos critérios e formatos de planos a serem utilizados, tendo, portanto, extrema importância a avaliação atualmente realizada pelo Fisco nesse sentido.

Este trabalho abordará, exemplificativamente, matérias relacionadas a Imposto de Renda, Contribuições Previdenciárias e questões societárias e trabalhistas relacionadas à caracterização dos planos de opção de compra de ações.

Distante da intenção de exaurir o tema, o presente trabalho, abordará de forma sumária a visão da Justiça do Trabalho e do Fisco sobre a outorga de planos de opção de compra de ações a empregados e administradores por empresas brasileiras.

1. Conceito de Plano de Opção de Compra de Ações – Aspectos Societários

Os planos de opção de compra de ações, cuja expressão equivalente em língua inglesa "Stock Options Plans" é também usualmente utilizada no Brasil, são direitos outorgados a administradores e empregados de adquirir ações da sociedade para a qual prestam serviços ou de outra sociedade do mesmo grupo econômico, sob condições especiais.

Os planos de opção de compra de ações representam uma significativa forma de incentivo e trazem diversos benefícios à sociedade concedente tendo em vista que influenciam a atuação dos empregados e administradores, estimulando a melhor performance, qualidade e eficiência nos trabalhos, impactando os resultados da sociedade, ocorrendo então uma convergência de interesses entre empregado e empregador.

O "Stock Option" é bastante vantajoso pois permite que a companhia utilize um mecanismo para reduzir a assimetria de interesses entre ela e seus empregados e adminsitradores sem dispender de recursos para tanto.

Referidos planos possuem hoje sua previsão legal no Parágrafo Terceiro do Artigo 168 da Lei nº 6.404, de 15 de dezembro de 1976 ("**Lei das S.A.**"), o qual determina que:

> o estatuto pode prever que a companhia, dentro do limite de capital autorizado, e de acordo com plano aprovado pela assembleia geral, outorgue opção

de compra de ações a seus administradores ou empregados, ou a pessoas naturais que prestem serviços à companhia ou a sociedade sob seu controle.

A inexistência de uma definição legal sobre os aspectos do plano de "Stock Option", trazem uma grande insegurança jurídica, pois, a depender dos critérios adotados em cada plano, poderá haver diferente interpretação sobre a natureza remuneratória do plano, conforme será demonstrado no presente trabalho.

De forma geral, o entendimento da doutrina é no sentido de que o "Stock Option" é constituído de um plano padrão de opção de compra de ações, o qual é previamente aprovado pela assembleia geral e de um plano individual dispondo sobre as condições especificas da outorga, que geralmente é definido pelo conselho de administração.

Em regra, formalizados por escrito, os planos de "Stock Option", conforme ensina Adriana Carrera Calvo[1], contém os seguintes elementos:

(1) preço de exercício – preço pelo qual o empregado tem o direito de exercer sua opção ("exercise price"); (2) prazo de carência – regras ou condições para o exercício das opções ("vesting") e; (3) termo de opção – prazo máximo para o exercício da opção de compra da ação ("expiration date"): O preço de exercício é o preço de mercado da ação na data da concessão da opção, sendo comum estabelecer-se um desconto ou um prêmio sobre o valor do mercado.

Em alguns casos o plano também estabelece limitações à alienação das ações adquiridas, como um período mínimo de manutenção das ações ("lock up").

Também ensinam Alvaro Taiar Junior e Edison Arisa[2] que:

Stock Option Plans, como são recorrentemente denominados, são os planos de incentivos a empregados e administradores baseados em opções para

---

[1] LIBERTUCI, Elisabeth Lewandowski. *Stock options e demais planos de ações: questões tributárias polêmicas e a Lei 12.973/2014.* Elisabeth Levandowiski Libertuci, Mariana Neves de Vito, Luciana Simões de Souza. São Paulo: RT, 2015. p. 28. CALVO, Adriana Carrera. A natureza jurídica dos planos de opções de compra de ações no direito do trabalho – "Employees Stock Option Plans". Disponível em: [http://www.calvo.pro.br/default.asp?site_Acao=mostraPagina&PaginaId=3&mArtigo_acao=mostra Artigo&pa_id=246]. Acesso em: 2 abr. 2016.

[2] TAIAR JUNIOR, Alvaro e ARISA, Edison. *Stock option plan – Consequências fiscais e contábeis.* In: MOSQUERA, Roberto Quiroga; LOPES, Alexsandro Broedel (coord.). *Controvérsias jurídico--contábeis (aproximações e distanciamentos).* p. 82., São Paulo, Dialética, 2010.

aquisição de ações da própria companhia ou de outra empresa do mesmo grupo (a controladora final, ou holding, por exemplo) em que o profissional trabalha. Nesses planos, seria dada opção de compra de tais ações para determinados profissionais a um preço prefixado, cujo exercício seria realizado em data predeterminada. O objetivo seria o profissional continuar trabalhando pelo sucesso da empresa até a data do exercício da opção, entendendo que esse sucesso será refletido em preço de ações mais alto e, portanto, um benefício maior para si próprio e também para a companhia.

Entende-se que, nos planos de "Stock Option" as ações não devem ser cedidas de forma gratuita, devendo existir um preço para o exercício da opção. Este preço é definido no momento da outorga da opção. Em geral, o preço praticado é o preço da ação na data da outorga, porém muitas vezes esse não é o melhor critério considerando que para cada empregado ou administrador outorgado o efetivo incentivo estaria vinculado a uma diferente métrica de cálculo do preço das ações.

Além disso, o plano conterá um prazo de carência, consideradas as condições suspensivas e resolutivas para seu exercício, geralmente relacionadas a um período mínimo de permanência do outorgado na companhia.

Dessa forma, no momento da outorga do plano há apenas uma expectativa de direito em adquirir as ações, devendo o outorgado cumprir as determinadas condições para então adquirir o direito ao exercício da opção, observando o prazo máximo para tal exercício. Uma vez expirado o prazo, o outorgado perderá a opção.

Por fim, uma vez exercido o "Stock Option", poderá o outorgado, agora proprietário da ações, dispor livremente das mesmas alienando-as no mercado, até mesmo em momento imediatamente seguinte, desde que não haja no plano um período mínimo de permanência com as ações – "lock up".

As opções de compra de ações podem envolver a aquisição de ações recompradas e mantidas em tesouraria ou a subscrição de novas ações, mediante aumento do capital social.

Tratando-se de subscrição de ações, determina o Parágrafo Terceiro do Artigo 171 da Lei das S.A. que não haverá direito de preferência dos atuais acionistas na outorga ou no exercício da opção de compra de ações.

Os planos de opção de compra de ações, não são títulos transferíveis, por exemplo, como o bônus de subscrição, eles têm caráter personalíssimo, ou seja, somente poderá ser exercido pelo administrador ou empregado que o receber, a menos que o próprio plano regule de forma diferente o assunto, como permitindo expressamente o exercício por herdeiros[3.]

Conforme explica Nelson Eizirik:

> No momento em que a companhia confere a opção de compra de ações, surge para o outorgado uma mera expectativa de direito; não há, nesse instante inicial, direito adquirido ao exercício da opção. Muito seguidamente os planos de opções aprovados pela assembleia geral sujeitam o seu exercício a um período aquisitivo e à permanência na companhia – as chamadas 'regras de investidura' (vesting na prática norte-americana). Caso o outorgado não cumpra tais condições, não poderá exercer as opções. A expectativa também pode ser frustrada pelas condições de mercado, caso o preço das ações deixe de ser atrativo."[4]

Eizirik também entende que a aprovação do plano de opção de compra de ações pela assembleia geral é um requisito essencial para validade do plano.

A aprovação do plano pela assembleia geral é de extrema importância, uma vez que o administrador de uma companhia ao exercer opção de compra de ações pode acabar investindo grande parte de seus recursos na própria companhia e tal mecanismo pode acabar afetando negativamente sua atuação, pois poderá expor a companhia a negócios mais arriscados visando ter uma maior rentabilidade de suas próprias ações. A história mostra que o atrelamento de remuneração de administradores e gestores de instituições financeiras apenas a significativos planos de opção de compra de ações gerou, em alguns casos, uma alavancagem perigosa e excessiva nas atividades da companhia.

Tendo em vista a crescente utilização do instituto do "Stock Option" no mercado brasileiro, considerando que a outorga de opções de compra de ações pode gerar significativo impacto nas contas das sociedades e também de forma a preservar as informações em casos de dispersão acionária, a Comissão de Valores Mobiliários (CVM) exigiu, em sua Instrução Normativa 480/2009, que as empresas de capital aberto publiquem em

---

[3] EIZIRIK, Nelson. *A Lei das S/A comentada:* artigos 121 a 188. São Paulo: Quartier Latin do Brasil, 2011. 483 p.

[4] EIZIRIK, Nelson. *A Lei das S/A comentada:* artigos 121 a 188. São Paulo: Quartier Latin do Brasil, 2011. 483 p.

seu formulário de referência as principais informações do plano de remuneração baseado em ações, dentre outras: condições gerais, objetivos do plano, função do plano no alinhamento de interesses dos administradores e da companhia, número de ações envolvidas e critérios para fixação do preço de exercício.

Além disso, a mesma instrução exige a apresentação de informações relativas aos planos outorgados em exercícios sociais anteriores, contemplando, por exemplo, as opções já exercidas e a quantidade de ações detidas por membros da administração.

Também, a Instrução Normativa 481/2009 da CVM determinou informações mínimas a serem divulgadas para a aprovação do plano de remuneração baseado em ações pela assembleia geral de acionistas, tais como: número máximo de opções e ações a serem outorgadas, condições de aquisição, critérios para fixação do preço e prazo de exercício, forma de liquidação, principais objetivos do plano.

2. Conceito de Remuneração e a Natureza Jurídica do Stock Option Perante a Justiça do Trabalho

2.1. Conceito de remuneração

O vínculo das relações de serviço pode se realizar sob diversos regimes, tal como a prestação de serviço por uma pessoa jurídica ou um trabalhador autônomo, ou por um vínculo societário contratual como o de administrador ou diretor estatutário, ou ainda, sob uma relação de emprego, cuja previsão legal está descrita no Artigo 3 do Decreto-Lei nº 5.452 de 1º, de maio de 1943, que aprovou a Consolidação das Leis do Trabalho ("CLT")[5]. Uma vez caracterizada a relação de emprego, a mesma estará sujeita às normas previstas na CLT.

A relação de emprego caracteriza-se pela presença de quatro elementos essenciais, são eles: a pessoalidade, a habitualidade, a subordinação e a onerosidade.

A pessoalidade pressupõe que o empegado não pode ser substituído por outra pessoa no exercício de suas funções. O critério da habitualidade demanda que os serviços sejam prestados de forma não eventual, podendo não se realizar diariamente, porém existindo a expectativa de retorno do empregado e continuidade da prestação do serviço.

---

[5] "Art. 3º Considera-se empregado toda pessoa física que prestar serviços de natureza não eventual a empregador, sob a dependência deste e mediante salário."

A subordinação tem se apresentado, no entendimento da Justiça do Trabalho, como principal elemento na caracterização da relação de emprego. Sendo seu conceito de difícil definição, usualmente sua caracterização é definida na avaliação de cada caso concreto. Há entendimento, que parece prevalecer, no sentido de que a subordinação é composta por aspectos clássicos, objetivos e estruturais, sendo um fenômeno que manifesta-se pela "intensidade de ordens do tomador de serviço sobre o trabalhador", "integração do obreiro e seu labor aos objetivos empresariais", e "dinâmica operativa da atividade do tomador de serviços".[6]

Ressalte-se ainda que, na hipótese de relação de trabalho estatutária, a simples obrigação de um diretor reportar aos acionistas informações sobre o andamento de seu trabalho e também de seguir as deliberações tomadas pelos acionistas, por si só, não são elementos suficientes para caracterizar a subordinação.

Por fim e não menos importante, o elemento onerosidade é verificado quando da existência de contraprestação econômica pelos serviços prestados, podendo decorrer objetivamente do contrato e do recebimento da prestação, como também da expectativa do obreiro em receber tal prestação.

No conceito de remuneração incluem-se, nos termos dos Artigos 457[7] e 458[8] da CLT, dentre outras verbas, por exemplo as gratificações ajustadas, abonos e prestações "in natura" que a empresa forneça habitualmente ao empregado. Portanto, compreende-se que a remuneração, que poderá ser recebida em pecúnia, bens ou utilidades.

---

[6] DELGADO, Mauricio Godinho. *Curso de direito do trabalho*. 13. ed. São Paulo: LTr, 2014. 306 p.

[7] "Art. 457. Compreendem-se na remuneração do empregado, para todos os efeitos legais, além do salário devido e pago diretamente pelo empregador, como contraprestação do serviço, as gorjetas que receber.

§ 1º Integram o salário não só a importância fixa estipulada, como também as comissões, percentagens, gratificações ajustadas, diárias para viagens e abonos pagos pelo empregador.

§ 2º Não se incluem nos salários as ajudas de custo, assim como as diárias para viagem que não excedam de 50% (cinquenta por cento) do salário percebido pelo empregado.

§ 3º Considera-se gorjeta não só a importância espontaneamente dada pelo cliente ao empregado, como também aquela que for cobrada pela empresa ao cliente, como adicional nas contas, a qualquer título, e destinada a distribuição aos empregados."

[8] "Art. 458. Além do pagamento em dinheiro, compreende-se no salário, para todos os efeitos legais, a alimentação, habitação, vestuário ou outras prestações "in natura" que a empresa, por força do contrato ou do costume, fornecer habitualmente ao empregado. Em caso algum será permitido o pagamento com bebidas alcoólicas ou drogas nocivas."

De forma geral, compreendem-se como remuneração, as verbas pagas com habitualidade aos empregados pela contraprestação dos serviços prestados e tal conceito está vinculado também às normas relativas à Contribuição Previdenciária, conforme demonstrado a seguir.

2.2. Natureza jurídica do Stock Option perante a Justiça do Trabalho

A onerosidade da relação de emprego é representada na CLT pelo conjunto remuneratório contraprestativo recebido pelo empregado.

Neste momento, cabe destacarmos o entendimento da doutrina e da jurisprudência trabalhista acerca do enquadramento do "Stock Option" como remuneração.

Maurício Godinho Delgado[9], leciona que:

> As *stock options* distanciam-se também dos salários e fazem posicionar o titular das ações em *locus* nitidamente empresarial, inclusive assumindo riscos típicos da empresa, mesmo que limitados ao montante de seu estoque acionário. A argumentação se completa no sentido de ser a parcela essencialmente volátil – características inerentes às ações -, o que mais ainda a separa dos caracteres próprios de salário. Do ponto de vista prático, há ainda outro aspecto que pode influenciar no enquadramento jurídico da verba: a absoluta ocasionalidade (ou não) de sua oferta. Se as *stock options* forem ofertadas de maneira manifestamente ocasional, sem repetição no contrato (ou com repetição muito longínqua – bianual, trianual ou similar), não atenderão à ideia de habitualidade, que seria imprescindível para seu enquadramento nas gratificações. Ao revés, sendo repedidas em lapsos temporais relativamente curtos, poderão sim, considerando estritamente esse ponto de vista, se assimiladas às parcelas gratificatórias.

Luciano Martinez[10], cita em sua obra outros dois autores concluindo que:

> O professor Amauri Mascaro Nascimento posiciona-se pela natureza não trabalhista da vantagem ora em estudo ao ponderar que o plano não oferece qualquer garantia contra perdas que possam decorrer das flutuações do preço das ações, que são negociadas na Bolsa. No mesmo sentido Sérgio Pinto Mar-

---

[9] DELGADO, Mauricio Godinho. *Curso de direito do trabalho* cit., p. 752.

[10] MARTINEZ, Luciano. *Curso de direito do trabalho*: relações individuais, sindicais e coletivas do trabalho. 2. ed. São Paulo: Saraiva, 2011. 735 p.

tins, assevera que a natureza jurídica da opção de compra de ações é mercantil, embora feita durante o contrato de trabalho, pois representa mera compra e venda de ações. Compreende a opção um ganho financeiro, sendo até um investimento feito pelo empregados nas ações da empresa. Por se tratar de risco do negócio, em que as ações ora estão valorizadas, ora perdem seu valor, o empregado pode ter prejuízo com a operação. A alienação das ações estará relacionada com o mercado de ações, sendo uma circunstância sem controle do empregador.

Ou seja, na opinião dos autores o "Stock Option" não é parcela remuneratória e são critérios para definição de sua natureza jurídica não remuneratória o fato de a parcela ser muito variável, de estar sujeita ao risco do negócio e de sua concessão não ser habitual.

Pesquisa realizada no Site do Tribunal Superior do Trabalho, em 02 de abril de 2016, demonstra que a Justiça do Trabalho tem entendido que o "Stock Option" não é remuneração, sendo apenas uma forma de retenção do empregado na companhia.

Seguem algumas ementas do Tribunal Superior do Trabalho neste sentido:

STOCK OPTION PLAN. PLANOS DE OPÇÃO DE COMPRA DE AÇÕES. NATUREZA SALARIAL NÃO CARACTERIZADA. Na hipótese, o Tribunal Regional registrou que o autor não se desincumbiu do ônus de provar que as ações foram adquiridas a título gratuito e as provas dos **autos demonstraram a natureza jurídica não salarial do negócio**. O exame da tese recursal em sentido contrário esbarra no teor da Súmula nº 126 do TST, pois demanda o revolvimento dos fatos e das provas. Recuso de revista de que não se conhece. (Processo: ARR – 20900-85.2007.5.15.0108 Data de Julgamento: 11/03/2015, Relator Ministro: Cláudio Mascarenhas Brandão, 7ª Turma, Data de Publicação: DEJT 20/03/2015. Grifo nosso.)

STOCK OPTIONS. OPÇÃO POR COMPRA DE AÇÕES. A decisão do e. Regional que refutou a natureza salarial da parcela Stock Options (opção por compra de ações da empresa na qual o reclamante trabalhou) está em consonância com a jurisprudência desta Corte. (...) Neste caso, citam ainda Alice Monteiro de Barros, "Elas ("stock options") não representam um complemento da remuneração, mas um meio de estimular o empregado a fazer coincidir seus interesses com o dos acionistas", por isso que não possuem natureza salarial. **Salienta-se que na Stock Options o empregado paga para adquirir as ações, sendo este requisito irrefutável para a descarac-**

terização da sua natureza salarial, já que inexiste salário pelo qual o trabalhador tenha de pagar ao seu empregador para obtê-lo. (Processo: AIRR – 1196-81.2010.5.05.0004 Data de Julgamento: 24/06/2015, Relator Desembargador Convocado: Breno Medeiros, 8ª Turma, Data de Publicação: DEJT 30/06/2015. Grifo nosso.)

PLANO DE AÇÕES. STOCK OPTIONS. INTEGRAÇÃO. NÃO CONHECIMENTO. Em que pese a possibilidade da compra e venda de ações decorrer do contrato de trabalho, **o trabalhador não possui garantia de obtenção de lucro**, podendo este ocorrer ou não, por consequência das variações do mercado acionário, consubstanciando-se **em vantagem eminentemente mercantil**. Dessa forma, o referido direito não se encontra atrelado à força laboral, pois não possui natureza de contraprestação, não havendo se falar, assim, em natureza salarial. Precedente. Recurso de revista de que não se conhece (...). (RR – 201000-02.2008.5.15.0140, Relator Ministro: Guilherme Augusto Caputo Bastos, Data de Julgamento: 11/02/2015, 5ª Turma, Data de Publicação: DEJT 27/02/2015. Grifo nosso.)

REFLEXOS DE STOCK OPTIONS NO FGTS E NA INDENIZAÇÃO RESCISÓRIA. Recurso de revista calcado em violação do art. 457, § 1º da CLT. Não há afronta à literalidade do art. 457, § 1º, da CLT a decisão regional que não reconheceu a natureza de abono ao benefício denominado stock options, uma vez que tal parcela por força tanto de cláusula do contrato de trabalho quanto de norma interna da empresa controladora do grupo econômico não tem natureza de comissão, porcentagem, gratificação ajustada, diária para viagem ou abono pago pelo empregador, **mas de prêmio conferido aos empregados que se destacavam na empresa**. Recurso de revista não conhecido (...). (RR – 122200-69.2002.5.01.0039, Relator Ministro: Alexandre de Souza Agra Belmonte, Data de Julgamento: 18/12/2013, 3ª Turma, Data de Publicação: DEJT 31/01/2014. Grifo nosso.)

COMPRA DE AÇÕES VINCULADA AO CONTRATO DE TRABALHO. -STOCK OPTIONS-. NATUREZA NÃO SALARIAL. EXAME DE MATÉRIA FÁTICA PARA COMPREENSÃO DAS REGRAS DE AQUISIÇÃO. LIMITES DA SÚMULA 126/TST. As -stock options-, regra geral, **são parcelas econômicas vinculadas ao risco empresarial e aos lucros e resultados do empreendimento**. Nesta medida, melhor se enquadram na categoria não remuneratória da participação em lucros e resultados (art. 7º, XI, da CF) do que no conceito, ainda que amplo, de salário ou remuneração. De par com isso, **a circunstância de serem fortemente suportadas pelo próprio**

empregado, ainda que com preço diferenciado fornecido pela empresa, mais ainda afasta a novel figura da natureza salarial prevista na CLT e na Constituição. De todo modo, torna-se inviável o reconhecimento de natureza salarial decorrente da possibilidade de compra de ações a preço reduzido pelos empregados para posterior revenda, ou a própria validade e extensão do direito de compra, se a admissibilidade do recurso de revista pressupõe o exame de prova documental – o que encontra óbice na Súmula 126/TST. Agravo de instrumento desprovido. (AIRR- 85740-33.2009.5.03.0023 , Relator Ministro: Mauricio Godinho Delgado, Data de Julgamento: 15/12/2010, 6ª Turma, Data de Publicação: DEJT 04/02/2011. Grifo nosso.)

A análise dos julgados nos permite concluir que a justiça do trabalho considera que um plano de "Stock Option" não terá natureza remuneratória desde que não seja concedido de forma gratuita, devendo o empregado pagar um determinado preço pela aquisição das ações. Quanto maior a contribuição do empregado e sua tomada de risco, menor a chance de configuração como remuneração. Também considera a Justiça do Trabalho que o "stock Option" não é remuneração em razão de estar o empregado sujeito aos riscos do negócio e do mercado. Além disso, a concessão do Stock Option é geralmente realizada uma única vez, não havendo, portanto, habitualidade de pagamento ou concessão.

Ainda vale ressaltar que o disposto no Artigo 152 da Lei das S.A. ao mencionar que "assembleia geral fixará o montante global ou individual da remuneração dos administradores, inclusive benefícios de qualquer natureza e verbas de representação" permite a interpretação da opção de compra dc açõcs como um bcncfício c não como remuneração direta, uma vez que referido artigo foi alterado em 1997, incluindo a expressão "inclusive benefícios de qualquer natureza" com a finalidade de proteger os interesses dos acionistas, visto que anteriormente à sua alteração, formas indiretas de remuneração eram utilizadas, diminuindo o poder da assembleia geral de decidir sobre o integral pacote de remuneração dos administradores.

3. A Tributação da Remuneração e dos Planos de *"Stock Option"* Outorgados aos Empregados e Administradores

Considerando que não há legislação específica sobre a tributação do *"Stock Option"* e que diferentes tratamentos são dados a este instituto, variando entre um simples contrato mercantil ou então efetivamente compreendido como remuneração, convém, neste momento, descrever brevemente a tributação incidente sobre a remuneração de empregados e administradores de forma direta.

Incidem de forma direta sobre a remuneração dos empregados e administradores: Imposto sobre a Renda, Contribuição Previdenciária Patronal e do Empregado, Fundo de Garantia do Tempo de Serviço (FGTS) (opcional para administradores) e Seguro de Acidente do Trabalho (SAT).

3.1. A Contribuição Previdenciária e o FGTS

No que se refere à Contribuição Previdenciária, o Artigo 195, Inciso I, Alínea "a" e Inciso II[11] da Constituição Federal, dispõe que incidirá tal contribuição sobre a folha de salários e demais rendimentos do trabalho pagos por empresas à pessoa física que lhe preste serviço e também deverão contribuir para a seguridade os trabalhadores em geral.

Ainda, nos termos do Parágrafo 11 do Artigo 201 da Constituição Federal, "os ganhos habituais do empregado, a qualquer título, serão incorporados ao salário para efeito de Contribuição Previdenciária e consequente repercussão em benefícios, nos casos e na forma da lei."

Verificamos, portanto, que o conceito de remuneração é fundamental para determinação da incidência da Contribuição Previdenciária.

Neste instante, cabe fazermos uma distinção entre os valores que são pagos em razão da prestação de serviços, ou seja, pelo trabalho prestado, como é o caso do salário, e aqueles pagos para a realização do trabalho, como as diárias para viagem que não excedem cinquenta por cento do salário e também valores pagos a título de indenização, por exemplo. Além disso, compreendemos que valores habitualmente pagos aos trabalhadores, poderão ser classificados como remuneração e ser objeto de incidência de Contribuição Previdenciária.

---

[11] "Art. 195. A seguridade social será financiada por toda a sociedade, de forma direta e indireta, nos termos da lei, mediante recursos provenientes dos orçamentos da União, dos Estados, do Distrito Federal e dos Municípios, e das seguintes contribuições sociais:

I – do empregador, da empresa e da entidade a ela equiparada na forma da lei, incidentes sobre:

a) a folha de salários e demais rendimentos do trabalho pagos ou creditados, a qualquer título, à pessoa física que lhe preste serviço, mesmo sem vínculo empregatício;

(...)

II – do trabalhador e dos demais segurados da previdência social, não incidindo contribuição sobre aposentadoria e pensão concedidas pelo regime geral de previdência social de que trata o art. 201."

Assim, fica claro que a Constituição Federal somente autoriza a incidência de Contribuição Previdenciária sobre valores que sejam compreendidos como remuneração pelo trabalho prestado e não simplesmente sobre quaisquer valores relacionados ao contrato de trabalho.

O Artigo 22[12] da Lei nº 8.212, de 24 de julho de 1991, que dispõe sobre a organização da seguridade social, em seus incisos I e III, determina o valor da alíquota da Contribuição Previdenciária Patronal, a contribuição devida pelo empregador, que, de forma geral, será de 20% (vinte por cento) sobre o total das remunerações pagas a qualquer título para empregados ou trabalhadores avulsos que lhes prestem serviço.

Além disso, nos termos do Inciso II de referido artigo, a alíquota de 20% (vinte por cento) poderá ser acrescida de até 10% (dez por cento) considerando o acréscimo da alíquota de até 3% (três por cento) a depender do grau de risco envolvido nas atividades da sociedade (SAT) ainda multiplicado pelo Fator Acidentário de Prevenção (FAP) e demais contribuições devidas a terceiros.

Já o Artigo 20 da Lei nº 8.212/1991, prevê a alíquota máxima de 11% (onze por cento) para a Contribuição Previdenciária do Empregado, ou seja, aquela a ser recolhida pelo empregado ou trabalhador avulso, inci-

---

[12] "Art. 22. A contribuição a cargo da empresa, destinada à Seguridade Social, além do disposto no art. 23, é de:

I – vinte por cento sobre o total das remunerações pagas, devidas ou creditadas a qualquer título, durante o mês, aos segurados empregados e trabalhadores avulsos que lhe prestem serviços, destinadas a retribuir o trabalho, qualquer que seja a sua forma, inclusive as gorjetas, os ganhos habituais sob a forma de utilidades e os adiantamentos decorrentes de reajuste salarial, quer pelos serviços efetivamente prestados, quer pelo tempo à disposição do empregador ou tomador de serviços, nos termos da lei ou do contrato ou, ainda, de convenção ou acordo coletivo de trabalho ou sentença normativa.

II – para o financiamento do benefício previsto nos arts. 57 e 58 da Lei nº 8.213, de 24 de julho de 1991, e daqueles concedidos em razão do grau de incidência de incapacidade laborativa decorrente dos riscos ambientais do trabalho, sobre o total das remunerações pagas ou creditadas, no decorrer do mês, aos segurados empregados e trabalhadores avulsos:

a) 1% (um por cento) para as empresas em cuja atividade preponderante o risco de acidentes do trabalho seja considerado leve;

b) 2% (dois por cento) para as empresas em cuja atividade preponderante esse risco seja considerado médio;

c) 3% (três por cento) para as empresas em cuja atividade preponderante esse risco seja considerado grave.

III – vinte por cento sobre o total das remunerações pagas ou creditadas a qualquer título, no decorrer do mês, aos segurados contribuintes individuais que lhe prestem services."

dente sobre o teto de seu salário de contribuição que no ano de 2016 foi estipulado em R$ 5.189,82.

Cabe destacar que, nos termos do Artigo 28, Inciso I, da mesma Lei, compreende-se como salário de contribuição para o empregado e o trabalhador avulso:

> a remuneração auferida em uma ou mais empresas, assim entendida a totalidade dos rendimentos pagos, devidos ou creditados a qualquer título, durante o mês, destinados a retribuir o trabalho, qualquer que seja a sua forma, inclusive as gorjetas, os ganhos habituais sob a forma de utilidades e os adiantamentos decorrentes de reajuste salarial, quer pelos serviços efetivamente prestados, quer pelo tempo à disposição do empregador ou tomador de serviços nos termos da lei ou do contrato ou, ainda, de convenção ou acordo coletivo de trabalho ou sentença normativa;

Neste sentido, no que se refere especificamente à incidência da Contribuição Previdenciária sobre o Plano de "Stock Option", vale refletirmos sobre algumas possibilidades.

Conforme menciona o Artigo 110 da Lei nº 5.172, de 25 de outubro de 1966, o Código Tributário Nacional ("CTN"), "a lei tributária não pode alterar a definição, o conteúdo e o alcance de institutos, conceitos e formas de direito privado, utilizados, expressa ou implicitamente, pela Constituição Federal", para definir ou limitar competências tributárias. Portanto, não poderá ser base de incidência de Contribuição Previdenciária valores que não sejam pagos pela prestação de trabalho, a título de remuneração, como é o caso do "Stock Option", em que a sociedade apenas concede um desconto na aquisição das ações e o efetivo ganho se dará em razão das condições de marcado posteriores, conforme explica Valter de Souza Lobato[13] e outros:

> Afinal, embora a possibilidade de efetuar o negócio (compra e venda de ações) decorra do contrato de trabalho (ainda assim, de forma facultativa, pois o funcionário tem a opção de não aderir ao plano), caso o obreiro opte pelo plano, poderá ou não auferir lucro, sujeitando-se às variações do mercado acionário (álea), restando clara a natureza jurídica meramente mercantil do

---

[13] LOBATO,Valter de Souza; BARROS, Mônica de; ATAYDE, Nayara. As contribuições previdenciárias, os planos de stock options e a participação nos lucros e resultados. Análise da jurisprudência sobre o tema. Disponível em: <http://sachacalmon.com.br/publicacoes/artigos/incidencia-das-contribuicoes-previdenciarias-nos-planos-de-stock-option-e-plr/>.

benefício. O direito, portanto, não se vincula à força de trabalho, a depender não mais de seus serviços, mas sim do risco de mercado, não detendo, assim, caráter contraprestativo.

Eis, portanto, as premissas que devem nortear a análise da natureza jurídica dos planos de stock option e que diferenciam os ganhos percebidos em razão da adoção de tais planos da remuneração percebida pelos empregados e administradores em razão dos serviços prestados: (i) trata-se de concessão de um direito, em que há apenas a expectativa de seu exercício; (ii) o salário é uma verba de natureza eminentemente trabalhista, enquanto as stock options tem natureza mercantil, sendo caracterizados basicamente como compra de ações; (iii) a vantagem obtida pelo empregado com a revenda das ações é realizada por corretor de valores mobiliários, autorizados a operar no mercado acionário, o que acaba por excluir a característica remuneratória; (iv) os ganhos auferidos pelas stock options são eminentemente eventuais e dependem do preço de mercado das ações dentro do período de opção, caracterizando o risco inerente ao negócio.

No que se refere ao FGTS, vale ressaltar inicialmente, que o Poder Judiciário tem entendido que a natureza deste instituto é de direito trabalhista e não de tributo, como já amplamente demonstrado no Acordão 709.212 de Recurso Extraordinário julgado pelo Supremo Tribunal Federal, no qual tratou-se do prazo prescricional do FGTS, assim discorrendo o Ministro Gilmar Mendes, na qualidade de relator:

> Nesse sentido, cumpre registrar que, mesmo anteriormente à Constituição de 1988, o Supremo Tribunal Federal já havia afastado a tese do suposto caráter tributário ou previdenciário das contribuições devidas ao Fundo, salientando ser o FGTS um direito de índole social e trabalhista.

No entanto, considerando que este trabalho visa também elucidar como um todo a oneração sobre a outorga de planos de opção de compra de ações, é válido mencionarmos aqui as implicações do FGTS.

Nos termos do Artigo 7º, Inciso III, da Constituição Federal, é direito do trabalhador o FGTS. Também nos termos do Artigo 15[14] da Lei nº 8.036,

---

[14] "Art. 15. Para os fins previstos nesta lei, todos os empregadores ficam obrigados a depositar, até o dia 7 (sete) de cada mês, em conta bancária vinculada, a importância correspondente a 8 (oito) por cento da remuneração paga ou devida, no mês anterior, a cada trabalhador, incluídas na remuneração as parcelas de que tratam os arts. 457 e 458 da CLT e a gratificação

STOCK OPTIONS

de 11 de maio de 1990, compreendemos que o FGTS é obrigatoriamente devido quando há vínculo empregatício e é facultativo aos administradores sem vínculo empregatício.

Referido Artigo 15 determina que ficam todos os empregadores obrigados a depositar em conta bancária vinculada o valor correspondente à 8% (oito por cento) da remuneração paga ou devida ao trabalhador (empregado ou administrador).

3.2. O Imposto Sobre a Renda

No que se refere ao Imposto sobre a Renda, determina o Artigo 153, Inciso II da Constituição Federal que compete à União instituir impostos sobre a renda e proventos de qualquer natureza.

Nos termos dos Artigos 43 a 45[15] do CTN, o fato gerador do Imposto sobre a Renda será a aquisição da disponibilidade econômica ou jurídica da renda. A renda, nesse caso, será aquela decorrente do produto do capi-

---

de Natal a que se refere a Lei nº 4.090, de 13 de julho de 1962, com as modificações da Lei nº 4.749, de 12 de agosto de 1965.

(...)

§ 2º Considera-se trabalhador toda pessoa física que prestar serviços a empregador, a locador ou tomador de mão-de-obra, excluídos os eventuais, os autônomos e os servidores públicos civis e militares sujeitos a regime jurídico próprio.

(...) § 4º Considera-se remuneração as retiradas de diretores não empregados, quando haja deliberação da empresa, garantindo-lhes os direitos decorrentes do contrato de trabalho de que trata o art. 16. (...)"

[15] "Art. 43. O imposto, de competência da União, sobre a renda e proventos de qualquer natureza tem como fato gerador a aquisição da disponibilidade econômica ou jurídica:

I – de renda, assim entendido o produto do capital, do trabalho ou da combinação de ambos;

II – de proventos de qualquer natureza, assim entendidos os acréscimos patrimoniais não compreendidos no inciso anterior.

§ 1º A incidência do imposto independe da denominação da receita ou do rendimento, da localização, condição jurídica ou nacionalidade da fonte, da origem e da forma de percepção.

§ 2º Na hipótese de receita ou de rendimento oriundos do exterior, a lei estabelecerá as condições e o momento em que se dará sua disponibilidade, para fins de incidência do imposto referido neste artigo.

Art. 44. A base de cálculo do imposto é o montante, real, arbitrado ou presumido, da renda ou dos proventos tributáveis.

Art. 45. Contribuinte do imposto é o titular da disponibilidade a que se refere o artigo 43, sem prejuízo de atribuir a lei essa condição ao possuidor, a qualquer título, dos bens produtores de renda ou dos proventos tributáveis.

Parágrafo único. A lei pode atribuir à fonte pagadora da renda ou dos proventos tributáveis a condição de responsável pelo imposto cuja retenção e recolhimento lhe caibam."

tal e do trabalho e qualquer acréscimo patrimonial. A base de cálculo do Imposto Sobre a Renda poderá ser real, arbitrada ou presumida e poderá a fonte pagadora da renda ser a responsável pelo recolhimento de tal imposto, se assim determinar a lei.

Assim, também de acordo com o disposto no Artigo 3[16] da Lei nº 7.713, de 22 de dezembro de 1988, o Imposto sobre a Renda da Pessoa Física (IRPF) incidirá sobre todo o produto do capital ou trabalho recebidos em dinheiro e os acréscimos patrimoniais.

O Decreto nº 3.000, de 26 de março de 1999, que regulamenta a tributação do IRPF, determina em seus Artigos 43 a 48 que as pessoas físicas são contribuintes do Imposto sobre a Renda incidente sobre os rendimentos provenientes do trabalho, sendo assim considerados, dentre outros: salários, gratificações, participações, prêmios e a remuneração relativa à prestação de serviço por diretores ou administradores de sociedades de qualquer espécie, quando decorrentes de obrigação contratual ou estatutária.

---

[16] "Art. 3º O imposto incidirá sobre o rendimento bruto, sem qualquer dedução, ressalvado o disposto nos arts. 9º a 14 desta Lei. (Vide Lei 8.023, de 12.4.90)

§ 1º Constituem rendimento bruto todo o produto do capital, do trabalho ou da combinação de ambos, os alimentos e pensões percebidos em dinheiro, e ainda os proventos de qualquer natureza, assim também entendidos os acréscimos patrimoniais não correspondentes aos rendimentos declarados.

§ 2º Integrará o rendimento bruto, como ganho de capital, o resultado da soma dos ganhos auferidos no mês, decorrentes de alienação de bens ou direitos de qualquer natureza, considerando-se como ganho a diferença positiva entre o valor de transmissão do bem ou direito e o respectivo custo de aquisição corrigido monetariamente, observado o disposto nos arts. 15 a 22 desta Lei.

§ 3º Na apuração do ganho de capital serão consideradas as operações que importem alienação, a qualquer título, de bens ou direitos ou cessão ou promessa de cessão de direitos à sua aquisição, tais como as realizadas por compra e venda, permuta, adjudicação, desapropriação, dação em pagamento, doação, procuração em causa própria, promessa de compra e venda, cessão de direitos ou promessa de cessão de direitos e contratos afins.

§ 4º A tributação independe da denominação dos rendimentos, títulos ou direitos, da localização, condição jurídica ou nacionalidade da fonte, da origem dos bens produtores da renda, e da forma de percepção das rendas ou proventos, bastando, para a incidência do imposto, o benefício do contribuinte por qualquer forma e a qualquer título.

§ 5º Ficam revogados todos os dispositivos legais concessivos de isenção ou exclusão, da base de cálculo do imposto de renda das pessoas físicas, de rendimentos e proventos de qualquer natureza, bem como os que autorizam redução do imposto por investimento de interesse econômico ou social.

§ 6º Ficam revogados todos os dispositivos legais que autorizam deduções cedulares ou abatimentos da renda bruta do contribuinte, para efeito de incidência do imposto de renda."

STOCK OPTIONS

Além da renda decorrente do trabalho, que é um acréscimo patrimonial e, portanto, tributável, também será tributado o ganho de capital da pessoa física, sendo este a diferença positiva obtida na alienação de bens e direitos de qualquer natureza, conforme determina o Artigo 117[17] do Decreto 3.000/1999.

O parágrafo único do Artigo 3º[18] da Lei nº 9.250, de 26 de dezembro de 1995, consagra o "regime de caixa" na tributação das pessoas físicas. O regime de caixa consiste na contabilização da renda a partir da sua disponibilidade econômica, ou seja, do efetivo pagamento. Portanto, o recolhimento do IRPF será devido no mês em que forem recebidos os proventos, devendo o imposto ser calculado na medida em que os rendimentos sejam efetivamente recebidos em cada mês.

Além disso, o Artigo 7º[19] da Lei nº 7.713/1988 determinou que os rendimentos do trabalho assalariado pagos por pessoas jurídicas sejam retidos na fonte.

Em junho de 2016, nos termos do Artigo 1º da Lei nº 11.482, de 31 de maio de 2007, eram incidentes sobre a remuneração mensal do trabalho assalariado retido na fonte, as alíquotas calculadas conforme a seguintes tabela:

Base de Cálculo (R$)	Alíquota (%)	Parcela a Deduzir do IR (R$)
Até 1.903,98	-	-
De 1.903,99 até 2.826,65	7,5	142,80
De 2.826,66 até 3.751,05	15	354,80
De 3.751,06 até 4.664,68	22,5	636,13
Acima de 4.664,68	27,5	869,36

---

[17] "Art. 117. Está sujeita ao pagamento do imposto de que trata este Título a pessoa física que auferir ganhos de capital na alienação de bens ou direitos de qualquer natureza."

[18] "Parágrafo único. O imposto de que trata este artigo será calculado sobre os rendimentos efetivamente recebidos em cada mês."

[19] "Art. 7º Ficam sujeito à incidência do imposto de renda na fonte, calculado de acordo com o disposto no art. 25 desta Lei: I – os rendimentos do trabalho assalariado, pagos ou creditados por pessoas físicas ou jurídicas."

Conforme já demonstrado, a Constituição Federal e o CTN consideram fato gerador do IRPF a disponibilidade econômica (efetivo pagamento) da renda, sendo então aplicado o regime de caixa. No entanto, o Artigo 55 do Decreto 3.000/1999, trouxe, sem respaldo na previsão constitucional, um novo fato gerador do IRPF, ao determinar em seu inciso IV que também são tributáveis "os rendimentos recebidos na forma de bens ou direitos, avaliados em dinheiro, pelo valor que tiverem na data da percepção".

Referido Artigo 55 considera a disponibilidade jurídica de um bem como fato gerador do Imposto sobre a Renda o que, conforme leciona Elisabeth Libertuci[20], pode ser considerado ilegal e inconstitucional:

> O referido dispositivo tem vícios irreparáveis, pelo que, em nossa opinião, pode ser entendido como cláusula não escrita.
>
> Em primeiro lugar, pelo fato de o imposto de renda da pessoa física ter por fato gerador a aquisiçao de disponibilidade econômica (e não jurídica) de renda. Como já dito acima, nas palavras de Rubens Gomes de Souza, disponibilidade econômica significa 'dinheiro em caixa'. Logo, se a pessoa física recebe bens no lugar de dinheiro, o fato gerador do imposto de renda não ocorre, por estar ausente o correspondente valor em dinheiro obtido no momento do recebimento do bem. Desloca-se para o tempo em que este bem for vendido e aí terá de se verificar a alíquota aplicável à ocorrência do fato gerador correspondente: a venda do bem.
>
> Em segundo lugar, e muito mais relevante, porque o dispositivo em comento não tem fundamento de validade por ter sido por Decreto (e não por Lei).

Considerando que o Imposto sobre a Renda é um tributo cujo lançamento se dá por homologação, a compreensão do disposto no referido Artigo 55 pode gerar impactos significativos no recolhimento do tributo pela pessoa física, principalmente no que se refere à tributação dos planos de opção de compra de ações.

Em decorrência do disposto no Artigo 55 do Decreto 3.000/1999, no que se refere especificamente à possível incidência do IRPF sobre o "Stock Option", embora discordemos dessa possibilidade, vale ainda mencionar o quanto segue.

---

[20] LIBERTUCI, Elisabeth Lewandowski. Stock options *e demais planos de ações:* questões tributáris polêmicas e a Lei 12.973/2014. São Paulo: RT, 2015. p. 155.

Caso se efetive, a tributação dos planos de "Stock Option", também deve observar o disposto nos Artigos 116[21] e 117[22] do CTN, os quais determinam que, nos casos de um negócio jurídico com uma condição suspensiva, o que é o caso dos planos de "Stock Option", o fato gerador somente ocorreria quando da implementação da condição.

Dessa forma, vemos que no simples momento da outorga do plano de "Stock Option", não ocorrerá o fato gerador, não sendo então possível a incidência do Imposto sobre a Renda.

Poder-se-ia questionar a ocorrência do fato gerador do Imposto sobre a Renda no momento do exercício da opção de compra de ações pelo outorgado, no entanto, discordamos desta avaliação conforme será a seguir demonstrado, uma vez que o não há aqui o recebimento de renda, mas sim o desembolso de valores para obtenção de bens.

Com clareza, podemos apenas verificar a incidência do Imposto sobre a Renda, nos caso da alienação pelo outorgado das ações objeto do "Stock Option" a terceiros. Neste momento poderá ocorrer ganho de capital, exceto se, nos termo do Artigo 39, Inciso II[23], do Decreto 3.000/1999 a alienação dos bens for igual ou inferior à R\$20.000,00 (em junho de 2016).

Atualmente o ganho de capital é tributado à alíquota de 15% (quinze por cento) e a partir de 2017, nos termos da Lei n° 13.259, de 16 de março

---

[21] "Art. 116. Salvo disposição de lei em contrário, considera-se ocorrido o fato gerador e existentes os seus efeitos:

I – tratando-se de situação de fato, desde o momento em que o se verifiquem as circunstâncias materiais necessárias a que produza os efeitos que normalmente lhe são próprios;

II – tratando-se de situação jurídica, desde o momento em que esteja definitivamente constituída, nos termos de direito aplicável.

Parágrafo único. A autoridade administrativa poderá desconsiderar atos ou negócios jurídicos praticados com a finalidade de dissimular a ocorrência do fato gerador do tributo ou a natureza dos elementos constitutivos da obrigação tributária, observados os procedimentos a serem estabelecidos em lei ordinária."

[22] "Art. 117. Para os efeitos do inciso II do artigo anterior e salvo disposição de lei em contrário, os atos ou negócios jurídicos condicionais reputam-se perfeitos e acabados:

I – sendo suspensiva a condição, desde o momento de seu implemento;

II – sendo resolutória a condição, desde o momento da prática do ato ou da celebração do negócio."

[23] "Art. 39. Não entrarão no cômputo do rendimento bruto:

(...)

II – o ganho de capital auferido na alienação de bens e direitos de pequeno valor, cujo preço unitário de alienação, no mês em que esta se realizar, seja igual ou inferior a vinte mil reais;"

de 2016, será tributado da seguinte forma: (i) 15% (quinze por cento) sobre a parcela dos ganhos que não ultrapassar R$ 5.000.000,00 (cinco milhões de reais); (ii) 17,5% (dezessete inteiros e cinco décimos por cento) sobre a parcela dos ganhos que exceder R$ 5.000.000,00 (cinco milhões de reais) e não ultrapassar R$ 10.000.000,00 (dez milhões de reais); (iii) 20% (vinte por cento) sobre a parcela dos ganhos que exceder R$ 10.000.000,00 (dez milhões de reais) e não ultrapassar R$ 30.000.000,00 (trinta milhões de reais); e (iv) 22,5% (vinte e dois inteiros e cinco décimos por cento) sobre a parcela dos ganhos que ultrapassar R$ 30.000.000,00 (trinta milhões de reais).

Conforme mencionamos acima, a nosso ver não há incidência do Imposto sobre a Renda no momento da outorga do plano de opção de compra de ações ou do exercício da opção, pois não se completam neste caso os requisitos da regra matriz de incidência tributária.

Conforme ensina o renomado doutrinador Paulo de Barros Carvalho, todo tributo abriga uma regra matriz relativa à sua incidência, a qual também é compreendida como norma padrão de incidência tributária e é decorrente da análise do intérprete da norma tributária.

O intérprete deverá realizar abstrações lógicas a fim de identificar na norma tributária a sua regra matriz que, conforme elucida Paulo de Barros Carvalho[24], deverá ser composta dos seguintes elementos:

> um critério material (comportamento de uma pessoa, representado por verbo pessoal e de predicação incompleta, seguido pelo complemento), condicionado no tempo (critério temporal) e no espaço (critério espacial). Já na consequência, observaremos um critério pessoal (sujeito ativo e sujeito passivo) e um critério quantitativo (base de cálculo e alíquota).

No que se refere especificamente ao Imposto sobre a Renda, podemos compreender que os critérios da regra matriz de incidência estão vinculados com o texto da norma da forma a seguir descrita. Uma vez verificado o preenchimento de todos os critérios da regra matriz, então poderemos consentir a incidência do Imposto Sobre a Renda.

No que se refere ao critério material, verificamos que o verbo utilizado para formalização do fato gerador do Imposto sobre a Renda é "auferir

---

[24] CARVALHO, Paulo de Barros. *Direito tributário, linguagem e método*. 3. ed. São Paulo: Noeses, 2009. p. 605.

renda". Neste sentido, importa explicitarmos brevemente que, conforme entende a doutrina majoritária, renda é o acréscimo patrimonial, portanto o critério material da hipótese de incidência do Imposto sobre a Renda seria o aumento de patrimônio.

A seguir devemos analisar o critério temporal e então verificamos que o momento de incidência do Imposto sobre a Renda da Pessoa Física é o último instante do ano civil. Portanto temos até aqui que o fato jurídico tributável pelo IRPF será a disponibilidade econômica ou jurídica de renda no último dia do ano civil. Já a territorialidade trata-se de renda auferida no Brasil.

Quanto ao critério pessoal, no caso em tela estaríamos tratando do empregado ou administrador a quem foi outorgado o "Stock Option".

Dessa forma, considerando que, no momento da outorga do plano de opção de compra de ações, não há disponibilidade econômica ou jurídica de renda, mas apenas uma expectativa de direito e no momento do exercício da opção de compra de ações pelo outorgado, haverá um desembolso de recursos para aquisição de tais bens, não se verifica o critério material da regra matriz de incidência tributária do Imposto de Renda da Pessoa Física em nenhum dos dois momentos aqui descritos, não há aqui um aumento patrimonial, mas sim apenas uma permuta de dinheiro em espécie por ações decorrentes do "Stock Option".

Consequentemente, também não será possível sanar o critério quantitativo, pois embora haja alíquota pré-determinada para o cálculo do IRPF, não se verifica a existência da base de cálculo já que não há renda auferida nas situações aqui elencadas.

A este exemplo, vale citarmos Victor Borges Polizelli[25] que, sobre a realização da renda,, esclarece:

> Deve-se deixar claro, ainda, que não basta a verificação da entrada de um direito novo no patrimônio da empresa para que se conclua haver realização de renda. O acréscimo patrimonial depende da confrontação com as despesas, de forma que, tendo o novo direito e o antigo direito valores idênticos, não ocorrerá mudança da posição patrimonial.

---

[25] POLIZELLI, Victor Borges. O princípio da realização da renda – Reconhecimento de receitas e despesas para fins do IRPJ – *Série Doutrina Tributária* v. VII. São Paulo: Quartier Latin, 2012. p. 206.

4. O Impacto da Lei nº 12.973, de 13 de maio de 2014, na Tributação do "*Stock Option*"

A Lei nº 12.973, de 13 de maio de 2014, tem como finalidade, dentre outras, a revogação do Regime Tributário de Transição – RTT, instituído pela Lei nº 11.941, de 27 de maio de 2009, adequando o regime tributário brasileiro às normas contábeis internacionais, as quais foram, em sua maioria, objeto dos Pronunciamentos do Comitê de Pronunciamentos Contábeis – CPC.

O CPC foi criado no ano de 2005 pela Resolução nº 1.055 do Conselho Federal de Contabilidade, visando a adequação das regras contábeis brasileiras aos padrões internacionais.

Nos termos do Artigo 177[26] da Lei das S.A. a escrituração contábil deve observar o disposto em legislação e os princípios de contabilidade geralmente aceitos. Portanto, os contadores são obrigados a observar o disposto nos Pronunciamentos do CPC.

Tendo em vista que os preceitos e normas contábeis não vinculam a base do regime tributário, diante da divulgação dos Pronunciamentos do CPC, a escrituração contábil passou a divergir da escrituração adequada ao regime tributário então vigente no Brasil e a Lei nº 11.941/2009 insti-

---

[26] "Art. 177. A escrituração da companhia será mantida em registros permanentes, com obediência aos preceitos da legislação comercial e desta Lei e aos princípios de contabilidade geralmente aceitos, devendo observar métodos ou critérios contábeis uniformes no tempo e registrar as mutações patrimoniais segundo o regime de competência.

§ 1º As demonstrações financeiras do exercício em que houver modificação de métodos ou critérios contábeis, de efeitos relevantes, deverão indicá-la em nota e ressaltar esses efeitos.

§ 2º A companhia observará exclusivamente em livros ou registros auxiliares, sem qualquer modificação da escrituração mercantil e das demonstrações reguladas nesta Lei, as disposições da lei tributária, ou de legislação especial sobre a atividade que constitui seu objeto, que prescrevam, conduzam ou incentivem a utilização de métodos ou critérios contábeis diferentes ou determinem registros, lançamentos ou ajustes ou a elaboração de outras demonstrações financeiras.

§ 3º As demonstrações financeiras das companhias abertas observarão, ainda, as normas expedidas pela Comissão de Valores Mobiliários e serão obrigatoriamente submetidas a auditoria por auditores independentes nela registrados.

§ 4º As demonstrações financeiras serão assinadas pelos administradores e por contabilistas legalmente habilitados.

§ 5º As normas expedidas pela Comissão de Valores Mobiliários a que se refere o § 3o deste artigo deverão ser elaboradas em consonância com os padrões internacionais de contabilidade adotados nos principais mercados de valores mobiliários.

§ 6º As companhias fechadas poderão optar por observar as normas sobre demonstrações financeiras expedidas pela Comissão de Valores Mobiliários para as companhias abertas."

tuiu o Regime Tributário de Transição (RTT), o qual gerou a existência de demonstrações financeiras para fins contábeis e demonstrações financeiras para fins fiscais.

Especificamente sobre o "Stock Option", o CPC editou o Pronunciamento nº 10, o qual teve por objetivo:

> estabelecer procedimentos para reconhecimento e divulgação, nas demonstrações contábeis, das transações com pagamento baseado em ações realizadas pela entidade. Especificamente, exige-se que os efeitos das transações com pagamento baseado em ações estejam refletidos no resultado e no balanço patrimonial da entidade, incluindo despesas associadas com transações por meio das quais opções de ações são outorgadas a empregados.[27]

Vale ressaltar que quando no Brasil utilizaram a expressão "pagamento baseado em ações", estavam apenas reproduzindo a nomenclatura utilizada pelas normas internacionais de contabilidade para a outorga de "Stock Option" e não exatamente reconhecendo a outorga de "Stock Option" como forma de remuneração.

Embora os contadores sejam obrigados a observar os Pronunciamentos do CPC, não estão assim obrigadas as companhias, no entanto, nos termos do Parágrafo Terceiro do mesmo Artigo 177, as companhias abertas deverão observar as normas expedidas pela Comissão de Valores Mobiliários – CVM na elaboração de suas Demonstrações Financeiras.

Assim, tendo a CVM aprovado o Pronunciamento Técnico CPC 10(R1), por meio da Deliberação CVM nº 650 de 16 de dezembro de 2010, as companhias abertas passaram obrigatoriamente a observar o disposto em tal Pronunciamento.

Em vista do histórico acima descrito, a Lei nº 12.973/14, visando o término do Regime de Transição Tributária, mediante a uniformização das bases contábeis e tributárias, estabeleceu em seu Artigo 33[28] regramento tributário específico para o pagamento baseado em ações, consolidando as previsões do Pronunciamento Técnico CPC 10(R1) para fins de tributação.

---

[27] BRASIL. Comitê de Pronunciamentos Contábeis. Pronunciamento Técnico CPC 10 (R1). Pagamento Baseado em Ações.

[28] "Art. 33. O valor da remuneração dos serviços prestados por empregados ou similares, efetuada por meio de acordo com pagamento baseado em ações, deve ser adicionado ao lucro líquido para fins de apuração do lucro real no período de apuração em que o custo ou a despesa forem apropriados.

O mencionado Artigo 33, no que se refere ao Imposto sobre a Renda, considera que o pagamento baseado em ações é uma despesa dedutível. Determina ainda, que a dedução deve ocorrer apenas após a transferência da titularidade das ações ou opções.

Do mesmo artigo ainda é possível compreender que, nos casos de pagamento com opção de compra de ações, o valor a ser deduzido será aquele reconhecido no patrimônio líquido.

Sobre a dedutibilidade do custo com pagamento em ações, explica Rogério Pires da Silva que:

> Portanto, a despesa é indedutível, para fins de IRPJ, no período de apuração em que apropriado contabilmente o custo ou a despesa relativo ao pagamento da remuneração, quando "baseado em ações", e passa a ser dedutível "somente depois do pagamento, quando liquidados em caixa ou outro ativo, ou depois da transferência da propriedade definitiva das ações ou opções, quando liquidados com instrumentos patrimoniais".[29]

No entanto, vemos que a referida Lei nº 12.973/14 regulamentou apenas a dedutibilidade dos pagamentos em ações ou opções realizadas como forma de remuneração do empregado ou administrador. Dessa forma, nos em casos em que consideramos a concessão do "Stock Option" apenas como um contrato mercantil, a dedutibilidade de valores relativos a esta outorga poderá gerar impacto na classificação deste instrumento, que poderá ser considerado como parte da remuneração, ensejando então a incidência de Imposto sobre a Renda e INSS e FGTS.

---

§ 1º A remuneração de que trata o caput será dedutível somente depois do pagamento, quando liquidados em caixa ou outro ativo, ou depois da transferência da propriedade definitiva das ações ou opções, quando liquidados com instrumentos patrimoniais.
§ 2º Para efeito do disposto no § 1o, o valor a ser excluído será:
I – o efetivamente pago, quando a liquidação baseada em ação for efetuada em caixa ou outro ativo financeiro; ou
II – o reconhecido no patrimônio líquido nos termos da legislação comercial, quando a liquidação for efetuada em instrumentos patrimoniais."
[29] Disponível em: [http://www.migalhas.com.br/dePeso/16,MI201576,21048-As+opcoes+de+compra+ de+acoes+por+ empregados+e+a+recente+lei+12973+14]

STOCK OPTIONS

Neste sentido opina Elisabeth Libertuci[30]:

> Conclusivamente, temos que o art. 33 da Lei 12.973/2014 e sua regulamentação por meio do art. 76 da IN RBF 1.515/2014 nada mais fez do que determinar os critérios de dedutibilidade para as situações em que a empresa entrega ações a seus empregados e/ou administradores enquanto moeda de pagamento por serviços prestados. Não impôs que esta entrega se desse a preço de mercado, muito menos impossibilitou que a entrega de ações pudesse ser feita por motivos outros que não a remuneração aos beneficiários. Esta possibilidade – a de manter contrato mercantil com empregados e ou administradores – apenas tem caráter indedutível para o IRPJ e a CSLL. (...) Resumidamente, então, vê-se que o aproveitamento da dedutibilidade previsto pelo art. 33 da Lei 12.973/2014 tende a deflagrar inúmeras consequências, como se verá a seguir, mas principalmente, implica o afastamento de qualquer discussão tendente a conferir aos planos de ações características de contrato mercantil entre a empresa e os respectivos beneficiários (administradores e/ou empregado).

Assim, a maior preocupação trazida por esta nova Lei para os contribuintes, refere-se ao fato que, ainda que de maneira indireta, a Lei nº 12.973/2014 estabeleceu que o "Stock Option" é espécie de remuneração, o que pode ensejar o entendimento da Receita Federal de que tais valores devem ser tributados como remuneração, passando então a autuar empresas neste sentido.

5. A Tributação do *"Stock Option"* na visão do CARF

Conforme já descrito no presente trabalho, a inexistência de legislação específica sobre a tributação do "Stock Option" faz com que seja de extrema importância a análise da jurisprudência administrativa sobre este assunto, o que será objeto deste capítulo.

A seguir destacaremos algumas decisões do Conselho Administrativo de Recursos Fiscais – CARF no que se refere à tributação do "Stock Option".

1) Acórdão: 2202-003.367. Número do Processo: 16327.720152/2014-93. Data de Publicação: 16/06/2016. Contribuinte: BM&F BOVESPA

---

[30] Libertuci, Elisabeth Lewandowski. Stock options *e demais planos de ações:* questões tributáris polêmicas e a Lei 12.973/2014 cit., p. 142 e 147.

S.A. – BOLSA DE VALORES, MERCADORIAS E FUTUROS. Relator(a): MARCIO HENRIQUE SALES PARADA. Ementa:

Assunto: Contribuições Sociais Previdenciárias. Período de apuração: 01/01/2009 a 31/12/2010. PREVIDENCIÁRIO. AUTO DE INFRAÇÃO OBRIGAÇÃO PRINCIPAL. EMPREGADOS. PLANO DE OPÇÃO PARA COMPRA DE AÇÕES – STOCK OPTIONS. NATUREZA SALARIAL. DESVIRTUAMENTO DA OPERAÇÃO MERCANTIL. CARACTERÍS-TICAS DOS PLANOS AFASTAM O RISCO. Ocorrendo o desvirtuamento do stock options em sua concepção inicial, tanto pela adoção de política remuneratória na forma de outorga de ações quanto pela correlação com o desempenho para manutenção de talentos, fica evidente a intenção de afastar o risco atribuído ao próprio negócio, caracterizando uma forma indireta de remuneração. Na maneira como executado o Plano, com a minimização do risco, passa a outorga de ações a representar a verdadeira intenção de ter o trabalhador a opção de ganhar com a compra das ações. As vantagens econômicas oferecidas aos empregados na aquisição de lotes de ações da empresa, quando comparadas com o efetivo valor de mercado dessas mesmas ações, configuram-se ganho patrimonial do empregado beneficiário decorrente exclusivamente do trabalho, ostentando natureza remuneratória, e, nessa condição, parcela integrante do conceito legal de Salário de Contribuição – base de cálculo das contribuições previdenciárias. PLANO DE OPÇÃO PELA COMPRA DE AÇÕES -STOCK OPTIONS. MOMENTO DA OCORRÊNCIA DO FATO GERADOR. INDEPENDE SE AS AÇÕES FORAM VENDIDAS A TERCEIROS. O fato gerador ocorre (aspecto temporal), na data do exercício das opções pelo beneficiário, ou seja, quando o mesmo exerce o direito de compra em relação às ações que lhe foram outorgadas. Não há como atribuir ganho se não demonstrado o efetivo exercício do direito sobre as ações. Desnecessidade de que efetivamente realize a venda posterior, para que se verifique o fato gerador da contribuição em caso, se o direito lhe foi conferido e a vantagem foi incorporada a sua esfera patrimonial. PLANO DE OPÇÃO PELA COMPRA DE AÇÕES – STOCK OPTIONS. IMPROCEDÊNCIA DO LANÇAMENTO PELA INDEVIDA INDICAÇÃO DA BASE DE CÁLCULO. A base de cálculo é uma ordem de grandeza própria do aspecto quantitativo do fato gerador. O ganho patrimonial, no caso, há que ser apurado na data do exercício das opções e deve corresponder à diferença entre o valor de mercado das ações adquiridas e o valor efetivamente pago pelo beneficiário. O ganho patrimonial do trabalhador se realiza nas vantagens econômicas que aufere quando comparadas com as condições de aquisição concedidas ao investidor comum que compra idêntico título no mercado de valores mobiliários. Precedente: Acórdão 2302-003.536 – 2ª TO/3ª CÂM/2ª SEJUL/CARF. Sendo declarada a improcedência do lançamento, em face de vício na indicação da base de cálculo eleita, desnecessário apreciar as demais alegações do recorrente, no que tange a nulidades e decadência. Recurso Voluntário Provido.

Neste primeiro caso a companhia reconheceu como despesa o valor justo das ações relativas ao plano de "Stock Option" concedido a alguns de seus empregados e a outorga do plano dependia do cumprimento de metas. Assim, restou entendido pelo auditor fiscal que há habitualidade na concessão do plano e também que é concedido em retribuição aos trabalhos prestados, estando afastado o caráter mercantil dessa operação.

Os fiscais realizaram a autuação considerando que no momento da outorga do plano de opção de compra ocorreria o fato gerador do Imposto de Renda da Pessoa Física e da Contribuição Previdenciária e que incidiriam sobre o valor considerado como despesa pela companhia. No entanto, no CARF a autuação foi considerada nula por entenderem que o fato gerador se materializaria somente no momento do exercício da opção, e os tributos incidiriam sobre a diferença entre o valor real da ação no momento do exercício e o valor efetivamente pago pelo empregado para a aquisição das ações.

Em consonância com o entendimento do CARF, ensina Elisabeth Libertuci[31] que na data da concessão do plano de opção de compra de ações ("vesting"), a estipulação da base de cálculo da Contribuição Previdenciária de maneira fictícia e arbitrária não é admitida no direito tributário e esta base de cálculo é considerada arbitrada, vez que não há posição definitiva sobre qual seria o valor da base de cálculo, podendo ser considerado o valor da ação ou da data de exercício.

2) Acórdão: 2402-005.010. Número do Processo: 10980.727432/2013-51. Data de Publicação: 10/03/2016. Contribuinte: GVT (HOLDING) S.A. Relator(a): KLEBER FERREIRA DE ARAUJO. Ementa:

---

[31] LIBERTUCI, Elisabeth Lewandowski. Stock options *e demais planos de ações:* questões tributáris polêmicas e a Lei 12.973/2014 cit., p. 60.

Assunto: Contribuições Sociais Previdenciárias. Período de apuração: 01/01/2009 a 30/11/2009. PLANOS DE OPÇÕES DE COMPRA DE AÇÕES (STOCK OPTIONS). CARÁTER REMUNERATÓRIO. INCIDÊNCIA DE CONTRIBUIÇÕES. Incidem contribuições previdenciárias sobre os ganhos que os segurados obtêm pelo exercício do direito de compra de ações quando se caracteriza a inexistência de risco para o beneficiário. No caso sob apreço, inexistia qualquer desembolso quando do fechamento dos contratos de opção entre a empresa e seus diretores/empregados e estes poderiam ao final do período de carência receber a diferença entre o valor de mercado das ações exercidas e o seu preço de exercício, estando isentos de qualquer risco de perda. A ocorrência do fato gerador para a verba em questão se dá quando da transferência das ações ao patrimônio dos beneficiários, que se concretiza no momento do exercício do direito de compra. Recurso Voluntário Negado.

Com relação ao caso em tela, os auditores apuraram que o plano tem caráter habitual pois é concedido para um prazo de quatro anos, porém anualmente pode o empregado exercer a opção com relação a 25% do total outorgado. Além disso, quando do exercício da opção de compra de ações os empregados não realizam efetivamente a aquisição das ações, mas o que verdadeiramente ocorre é o pagamento pela companhia do montante equivalente à diferença entre o valor de mercado das ações e o preço estipulado para a opção de compra.

Por essa razão o empregado não corre qualquer risco mercantil e assim é verificada a simulação de pagamento efetivo de salário aos empregados.

Dessa forma, foi julgada procedente a autuação que considerou como base de cálculo dos tributos incidentes sobre a remuneração, o IRPF e a Contribuição Previdenciária do empregado e patronal, a diferença entre o valor de mercado das ações na data do exercício e o fixado na data da outorga do plano.

3) Acórdão: 2401-003.045. Número do Processo: 10980.724031/2011-88. Data de Publicação: 22/07/2014. Contribuinte: ALL – AMERICA LATINA LOGISTICA S.A. Relator (a): ELAINE CRISTINA MONTEIRO E SILVA VIEIRA. Ementa:

Assunto: Contribuições Sociais Previdenciárias. Período de apuração: 01/03/2009 a 31/10/2010. PREVIDENCIÁRIO – CUSTEIO – AUTO DE INFRAÇÃO – OBRIGAÇÃO PRINCIPAL – CONTRIBUINTES

INDIVIDUAIS – PLANO DE OPÇÃO PARA COMPRA DE AÇÕES-STOCK OPTIONS – NATUREZA SALARIAL – DESVIRTUAMENTO DA OPERAÇÃO MERCANTIL – CARACTERÍSTICAS DOS PLANOS AFASTAM O RISCO. Em sua concepção original o stock option é mera expectativa de direito do trabalhador (seja empregado, autônomo ou administrador), consistindo em um regime de opção de compra de ações por preço pré-fixado, concedida pela empresa aos contribuintes individuais ou mesmo empregados, garantindo-lhe a possibilidade de participação no crescimento do empreendimento (na medida que o sucesso da empresa implica, valorização das ações no mercado), não tendo inicialmente caráter salarial, sendo apenas um incentivo ao trabalhador após um período pré--determinado ao longo do curso do contrato de trabalho. Em ocorrendo o desvirtuamento do stock options em sua concepção inicial, qual seja, mera operação mercantil, seja, pela concessão de empréstimos, possibilidade de venda antecipada, troca de planos, correlação com o desempenho para manutenção de talentos, fica evidente a intenção de afastar (ou minimizar) o risco atribuído ao próprio negócio, caracterizando uma forma indireta de remuneração. Na maneira como executado, passa o negócio a transparecer, que a verdadeira intenção era ter o empregado a opção de GANHAR COM A COMPRA DAS AÇÕES; não fosse essa a intenção da empresa, por qual motivo a recorrente teria alterado os planos existentes em 2006 e 2007, permitido empréstimos cuja quitação dava-se pela venda de ações cujo totalidade do direito ainda não havia se integralizado ou recebimento de participação em lucros e resultados, em relação a contribuintes individuais. Correto o procedimento fiscal que efetivou o lançamento do ganho real, (diferença entre o preço de exercício e o preço de mercado no momento da compra de ações.), considerando os vícios apontados pela autoridade fiscal. PLANO DE OPÇÃO PELA COMPRA DE AÇÕES – STOCK OPTIONS – PARA OCORRÊNCIA DO FATO GERADOR INDEPENDE SE AS AÇÕES FORAM VENDIDAS A TERCEIROS. Acredito que, no momento em que houve a outorga da opção de ações aos beneficiários ocorreu, sim, o fato gerador, mesmo que não tenha havido a efetiva venda, pois naquela oportunidade o mesmo integralizou a efetiva opção das ações sobre o preço de exercício, valor inferior naquela oportunidade ao preço de mercado, representando um ganho direto do trabalhador. Conforme demonstrado acima, houve UTILIDADES FORNECIDAS PELA PRESTAÇÃO DE SERVIÇOS DE CONTRIBUINTES

INDIVIDUAIS CONSTITUEM SALÁRIO DE CONTRIBUIÇÃO. O fato de o dispositivo legal previdenciário não ter detalhado expressamente o termo "utilidades", como fazendo parte do salário de contribuição dos contribuintes individuais, não pode, por si só, ser o argumento para que as retribuições na forma de utilidades sejam afastadas como ganho indireto dessa categoria de trabalhadores. O texto legal não cria distinção entre as exclusões aplicáveis aos empregados e aos contribuintes individuais. (...) Recurso Voluntário Provido em Parte.

Especificamente sobre o caso em análise, verificamos que embora alguns dos julgadores tenham expressamente mencionado que o "Stock Option" possui caráter mercantil e que no momento de sua outorga há mera expectativa de direito, a maioria dos julgadores entendeu que a companhia desvirtuou o caráter mercantil desse plano.

No caso em tela o plano estava atrelado ao desempenho do executivo, previa a possibilidade de o executivo alienar ações não integralizadas e, além disso, a companhia fez alterações significativas no decorrer da vigência do plano, realizando empréstimos aos seus executivos para que os mesmos pudessem exercer a opção de compra e também, em razão de crise financeira alterou quantidades e preços previstos no plano inicial.

Aqui também verificamos que a remuneração ficou caracterizada no momento do exercício da opção de compra, ou seja, tal momento foi o fato gerador do IRPF da Contribuição Previdenciária tendo a base de calculo sido calculada como a diferença entre o valor de mercado da ação e o valor efetivamente pago pelo executivo.

4) Acórdão: 2803-003.815. Número do Processo: 10925.723207/2011-49. Data de Publicação: 17/03/2015. Contribuinte: SADIA S.A. Relator(a): GUSTAVO VETTORATO Ementa:

CONTRIBUIÇÕES SOCIAIS PREVIDENCIÁRIAS. Exercício: 2006, 2007, 2008. STOCK OPTION PLANS. PLANO OPÇÃO DE COMPRA DE AÇÕES SEM PARTICIPAÇÃO FINANCEIRA DA EMPREGADORA. NATUREZA NÃO REMUNERATÓRIA. NÃO INCIDÊNCIA DE CONTRIBUIÇÕES PREVIDENCIÁRIAS. Nos casos de opção de compra de ações das empregadoras pelos empregados ou diretores sem apoio financeiro daquelas, mediante preço representativo ao de mercado, não se considera remuneração, nem fato gerador de contribuições previdenciárias,

STOCK OPTIONS

> pois representam apenas um ato negocial da esfera civil/empresarial. AFE-RIÇÃO INDIRETA. ARBITRAMENTO DE BASE DE CÁLCULO. DES-CONSIDERAÇÃO DE ATO NEGOCIAL PRIVADO. NECESSIDADE DE DEMONSTRAÇÃO DE FUNDAMENTAÇÃO E CRITÉRIOS DE APU-RAÇÃO. VÍCIO MATERIAL.NULIDADE. Trata-se de aferição indireta ou arbitramento da base de cálculo quanto a fiscalização utiliza uma ficção ou presunção da ocorrência do fato gerador, cabível apenas quando não merecer fé a documentação apresentada ou dificuldades de sua obtenção. Deve ainda indicar e fundamentar a aplicação do preceito legal que autorizam tais métodos de apuração, artigos 148, do CTN, e art. 33, §6º, da Lei n. 8212/1991. Desobediência pela fiscalização de tais exigências, gera vícios materiais do ato de constituição do crédito e sua nulidade. Recurso Voluntário Provido.

Neste presente caso, a decisão do CARF foi favorável ao contribuinte. A companhia foi autuada vislumbrando o recolhimento de Contribuição Previdenciária sobre a diferença entre o valor de mercado das ações na data do exercício da opção e valor efetivamente desembolsado pelo empregado, no entanto a decisão do CARF foi no sentido de declarar nula a autuação por entender que o plano de opção de compra de ações efetivamente possui caráter mercantil e não remuneratório.

O entendimento do CARF fundou-se nos seguintes requisitos contidos no plano: (i) o valor das ações foi determinado no momento da outorga do plano e foi calculado sendo a média dos últimos três pregões anteriores à data da outorga, e (ii) o plano foi outorgado a todos os empregados com nível de responsabilidade superior na empresa.

Por fim, destacamos uma última decisão do CARF sobre o assunto e que também foi a favor do contribuinte.

5) Acórdão: 2401-003.889. Número do Processo: 16327.721357/2012-24. Data de Publicação: 30/04/2015. Contribuinte: ITAU UNIBANCO HOLDING S.A. Relator(a): CAROLINA WANDERLEY LANDIM. Ementa:

> Assunto: Contribuições Sociais Previdenciárias. Período de apuração: 01/02/2009 a 31/12/2009. STOCK OPTIONS. CARÁTER MERCANTIL. PARCELA NÃO INTEGRANTE DO SALÁRIO REMUNERAÇÃO. No presente caso, o plano de stock options é marcado pela onerosidade, pois

o preço de exercício da opção de compra das ações é estabelecido a valor de mercado, pela liberalidade da adesão e pelo risco decorrente do exercício da opção de compra das ações, de modo que resta manifesto o seu caráter mercantil, não devendo os montantes pagos em decorrência do referido plano integrarem o salário de contribuição. Recurso Voluntário Provido.

No caso aqui estudado, o CARF aponta que, como regra geral, os auditores fiscais possuem uma opinião divergente da maioria dos julgadores do CARF, pois defendem que apenas pelo fato da outorga da opção do compra de ações ter ocorrido sob uma relação de trabalho, já restaria descaracterizado o seu caráter mercantil e passaria esse plano a ter características de remuneração.

Já os julgadores do CARF, em sua maioria, entendem que a regra é que o contrato de opção de compra de ações tem característica de contrato mercantil e somente será considerado parte integrante da remuneração de empregados ou administradores, caso os requisitos essenciais desse tipo de negócio não estejam presentes.

O CARF entende que devem estar presentes os seguintes requisitos: "**(i)** emissão por sociedade por ações, abertas ou fechadas; **(ii)** previsão expressa no estatuto; **(iii)** em observância aos montantes delimitados no capital autorizado, **(iv)** conforme plano de compra de ações aprovado pela assembleia geral e **(iv)** tendo como beneficiários os empregados, administradores e outras pessoas naturais que prestem serviços à sociedade por ações ou à sociedade sob o seu controle".

Também considera o CARF quc, por ter caráter oneroso, ou seja, em razão de o empregado pagar para adquirir as ações, ele estará sujeito aos riscos de mercado e do negócio pois na futura venda a terceiros poderá apurar ganho ou prejuízo.

O auditor fiscal realizou autuação baseando-se, dentre outros, nos seguintes fatos: (i) os riscos de mercado são mitigados uma vez que o outorgado poderá não exercer a opção caso o preço das ações esteja inferior ao preço estipulado para o exercício da opção, (ii) o contrato de opção é outorgado em caráter pessoal e intransferível e, um contrato mercantil de opção não possui essa característica, (iii) o plano foi outorgado com um período de "vesting" que força a permanência do empregado na sociedade, sendo assim uma contraprestação pelos trabalhos prestados; e (iv) o plano não possui caráter oneroso pois no momento da outorga o empregado não desembolsou nenhum valor para aquisição da opção.

O CARF por sua vez discordou de praticamente todos os argumentos do auditor fiscal, ao mencionar que: (i) embora o empregado não tenha realizado pagamento para aquisição da opção de compra, ele efetivamente desembolsou valores para a aquisição das ações no momento do exercício da opção, estando aqui expresso o caráter oneroso dessa relação, (ii) a intransferibilidade do plano a terceiros é requisito desse tipo de negócio uma vez que a outorga do plano é realizada justamente visando a retenção do empregado na companhia; e (iii) não é o fato de o empregado não exercer a opção que afasta o risco do mercado, mas sim o seu exercício e posterior desvalorização das ações.

Assim, o CARF julgou nula a autuação por não verificar caráter remuneratório no plano de opção de compra de ações analisado e, portanto, inexistir fato gerador da Contribuição Previdenciária.

Diante do exposto, nos parece que, de forma geral o entendimento atual da Receita Federal tem sido no sentido de considerar como remuneração o plano de opção de compra de ações, sendo considerado como salário o montante equivalente à diferença entre o valor de mercado da ação no momento do exercício e o valor efetivamente pago pelas ações. Sobre o salário incidirá a Contribuição Previdenciária e o IRPF, se autuada também. Caso o empregado decida posteriormente alienar as ações adquiridas, esta segunda operação será tributada como ganho de capital, sendo o custo de aquisição o valor de mercado das ações no momento do exercício da opção.

No entanto, no julgamento dos casos relativos ao "Stock Option" o CARF tem utilizado critérios diferentes daqueles aplicados pela Receita Federal e têm revertido algumas autuações.

A análise dos julgados acima mencionados, nos permitiu verificar que algumas características do plano de opção de compra de ações contribuem para a sua caracterização como remuneração, inclusive, no entendimento do CARF, por exemplo: (i) estar diretamente atrelada ao desempenho do empregado e estar formalmente descrito como remuneração no contrato de trabalho do empregado; (ii) não possuir critério adequado para determinação do valor das ações, permitindo aquisição por valor irrisório ou até mesmo não havendo desembolso pelo empregado para aquisição das ações, e (iii) outorga realizada em caráter habitual ou outorga realizada eventualmente porém permitindo o exercício de parcelas da opção de forma habitual.

6. Conclusão

Os planos de opção de compra de ações outorgados por empresas brasileiras a seus empregados e administradores, utilizados como instrumento de retenção de profissionais e de alinhamento de interesses, não possuem regramento específico na legislação que defina suas características e natureza jurídica. No entanto, após análise de legislação, doutrina e jurisprudência sobre o assunto, é possível concluir o quanto segue.

O "Stock Option" usualmente contém os seguintes elementos: (i) fixação do preço de exercício com justificativa razoável para o cálculo do preço do exercício; (ii) prazo de carência para o exercício; (iii) prazo máximo para o exercício; e (iv) algumas vezes, um período de "lock up".

Tendo em vista que o outorgado ao exercer a opção e adquirir as ações, estará sujeito aos riscos empresariais e do negócio, assim como a variações do mercado, no que tange à valorização ou depreciação de suas ações adquiridas por meio da opção, as quais não foram adquiridas a título gratuito, não há que se falar em natureza remuneratória do "Stock Option".

De forma geral, entende-se que a opção de compra de ações será considerada um contrato bilateral mercantil quando presentes os seguintes requisitos: (i) onerosidade, pois o outorgado efetivamente desembolsa valor significativo e justificadamente calculado pela aquisição das ações; (ii) inexistência de habitualidade na concessão do plano; (iii) os riscos de mercado não serem mitigados pela companhia, por exemplo com alterações no preço de exercício em caso de crise financeira ou ainda, alteração na quantidade de ações outorgadas.

No entanto, ainda são bastante divergentes os entendimentos da Justiça do Trabalho, da Receita Federal do Brasil e dos julgadores do CARF sobre o assunto.

A Receita Federal do Brasil pressupõe que pelo fato de o "Stock Option" ser outorgado em razão de um vínculo de trabalho e, na maioria das vezes, com a intenção de reter talentos, teria então natureza remuneratória. Já na Justiça do Trabalho, parece ser majoritária a corrente que entende ser o "Stock Option" um contrato meramente mercantil, desde que presentes as características aqui elencadas e no mesmo sentido parecem estar caminhando os julgadores do CARF em suas decisões, quando até mesmo reverteram as autuações dos auditores fiscais.

Nos casos em que o "Stock Option" é enquadrado como contrato mercantil, somente será tributado o ganho de capital apurado no momento da alienação das ações adquiridas pelo empregado ou administrador a terceiros.

Nas hipóteses em que o "Stock Option" foi considerado remuneração, foi entendido ocorrer o fato gerador da Contribuição Previdenciária e do IRPF no momento do exercício da opção de compra pelo empregado e a base de cálculo foi considerada como sendo a diferença entre o valor de mercado das ações no momento do exercício da opção e o valor efetivamente pago pelo outorgado para a aquisição das ações.

Por fim, ressalte-se que a Lei nº 12.973/2014 regulamentou a dedutibilidade dos pagamentos em opções de compra de ações realizadas como forma de remuneração do empregado ou administrador, assim, é necessário questionar se a empresa outorgante deve realizar referida dedução, ou se com a mera dedução estaria assumindo o caráter remuneratório das opções outorgados. Ainda, cabe destacar que dos casos analisados é possível verificar que as autuações foram mais comuns nos casos em que a companhia realizou a dedução da despesa relativa ao pagamento do "Stock Option" aos seus empregados.

Referências

BRAUN, Lucas. *Incentivos aos administradores:* a opção de compra de ações. Dissertação (Mestrado). 2013. USP, Faculdade de Direito, Direito Comercial. São Paulo.

CALVO, Adriana Carrera. A natureza jurídica dos planos de opções de compra de ações no direito do trabalho – "Employees Stock Option Plans". Disponível em: [http://www.calvo.pro.br/default.asp?site_Acao=mostraPagina&PaginaId=3&mArtigo_acao=mostra Artigo&pa_id=246]. Acesso em: 2 abr. 2016.

CARDOSO, Oscar Valente. Contribuições previdenciárias e verbas controversas: *stock options. Revista Dialética de Direito Tributário*, São Paulo: Dialética, n. 198, p. 107.

CARVALHO, Paulo de Barros. *Direito tributário, linguagem e método.* 3. ed. São Paulo: Noeses, 2009.

CONTRIBUIÇÃO PREVIDENCIÁRIA – salário de contribuição – "stock options" – integração (Carf – 3ª Câm./1ª T. Ord.). *Revista Dialética de Direito Tributário*, São Paulo: Dialética, n. 226, p. 201.

CUNHA, Luiza Fontoura da. *Stock options:* uma análise sobre sua tributação. *Revista Dialética de Direito Tributário*, São Paulo: Dialética, n. 203, p. 101.

DELGADO, Mauricio Godinho. *Curso de direito do trabalho*. 13. ed. São Paulo: LTr, 2014. 306 p.

EIZIRIK, Nelson. *A Lei das S/A comentada*: artigos 121 a 188. São Paulo: Quartier Latin do Brasil, 2011. 483 p.

HIGUCHI, Hiromi. *Imposto de Renda das empresas 2014* – Interpretação e prática – Atualizado Até 10-01-2014 – 39. Ed, IR Publicações, 2012.

IBRAHIM, Fábio Zambitte. *Curso de direito previdenciário*. 17. ed., rev., ampl. e atual. Niterói: Impetus, 2012. 911 p.

KIMURA, Herbert; BASSO, Leonardo Fernando Cruz; PERERA, Luiz Carlos Jacob. Stock options: *e criação de valor para o acionista*. Ribeirão Preto, SP: Inside Books, 2009. 211.

LIBERTUCI, Elisabeth Lewandowski. Stock options *e demais planos de ações: questões tributárias polêmicas e a Lei 12.973/2014*. Elisabeth Levandowiski Libertuci, Mariana Neves de Vito, Luciana Simões de Souza. São Paulo: RT, 2015.

LOBATO, Valter de Souza; BARROS, Mônica de; ATAYDE, Nayara. As contribuições previdenciárias, os planos de stock options e a participação nos lucros e resultados. Análise da Jurisprudência sobre o tema. Disponível em: <http://sachacalmon.com.br/publicacoes/artigos/incidencia-das-contribuicoes-previdenciarias-nos-planos-de-stock-option-e-plr/>.

MACHADO SEGUNDO, Hugo de Brito. *Código Tributário Nacional: anotações à Constituição, ao CTN, à LC 87/96 e à LC 116/2003*. 5. São Paulo: Atlas, 2015.

MARCONDES, Daniel Gustavo Peixoto Orsini. *Stock options* – Tributação no Brasil e nos Tratados Internacionais. In: OLIVEIRA, Ricardo Mariz de; SCHOUERI, Luís Eduardo; AURÉLIO, Fernando. *Direito tributário atual*, n. 28, p. 24.

MARTINEZ, Luciano. *Curso de direito do trabalho: relações individuais, sindicais e coletivas do trabalho*. 2. ed. São Paulo: Saraiva, 2011. 735 p.

MAS, Viviane Castro Neves Pascoal M. Dal. Stock options *na relação de emprego*. São Paulo: LTr.

MOREIRA, André Mendes; QUINTELA, Guilherme Camargos; SAVASSI, Rafael França. Plano de *stock options*. Análise sob o prisma da não incidência de contribuições sociais. *Revista Dialética de Direito Tributário*, São Paulo: Dialética, n. 214, p. 32.

MOSQUERA, Roberto Quiroga; BUENO, Maria Isabel Tostes da Cunha. Questões atinentes à remuneração de administradores: bônus, participação nos lucros e resultados e *stock options*. In: ROCHA, Valdir de Oliveira (coord.). *Grandes questões atuais do direito tributário*. v. 14.

OLIVEIRA, Ricardo Mariz de. *Fundamentos do imposto de renda*. São Paulo: Quartier Latin. 2010.

POLIZELLI, Victor Borges. O princípio da realização da renda – Reconhecimento de receitas e despesas para fins do IRPJ – *Série Doutrina Tributária* v. VII. São Paulo: Quartier Latin, 2012.

SCHMIDT, Paulo. *Contabilidade avançada: aspectos societários e tributários*. 4. São Paulo: Atlas 2015.

SILVA, Alexandre Rogério da. *Uso generalizado de stock options e o envolvimento de fundos de venture capital e* private equity: análise dos efeitos sobre o desempenho dos IPOs no Brasil. 2014. 52 f. Dissertação (mestrado) – Universidade Presbiteriana Mackenzie, São Paulo, 2014.

SILVA, J. Miguel; RODRIGUES, Agostinho Inácio. *Prática tributária nas empresas:* análise de questões tributárias e contábeis atuais relevantes. São Paulo: Atlas, 2012.

TAIAR JUNIOR, Alvaro e ARISA, Edison. *Stock option plan – Consequências fiscais e contábeis.* In: MOSQUERA, Roberto Quiroga; LOPES, Alexsandro Broedel (coord.). *Controvérsias jurídico-contábeis (aproximações e distanciamentos).* São Paulo, Dialética, 2010.

TAKATA, Marcos Shigueo. A "nova" contabilidade relativa às *stock options* – Sua relação e reflexo ou não no direito tributário. In: MOSQUERA, Roberto Quiroga; LOPES, Alexsandro Broedel (coord.). *Controvérsias jurídico-contábeis* (aproximações e distanciamentos). São Paulo. CATÃO, Marcos André Vinhas. Tributação de *stock options. Revista Dialética de Direito Tributário,* São Paulo: Editora Dialética, n. 127, p. 57.

Site consultado:

[http://www.migalhas.com.br/dePeso/16,MI201576,21048-As+opcoes+de+compra+de+acoes+por+empregados+e+a+recente+lei+12973+14]

SOBRE OS AUTORES

Felipe Lorenzi de Britto

Graduado em Direito pela Faculdade de Direito da Fundação Armando Álvares Penteado – FAAP, especialista em Direito Tributário pelo Insper - Instituto de Ensino e Pesquisa em 2016 (LL.M. em Direito Tributário). É atualmente Diretor Jurídico na empresa Agrovia S/A. Atuou em grandes escritórios na área do direito empresarial, com ênfase em fusões e aquisições (M&A), contratos e direito societário. Fluente em português e inglês.

Fernanda Balieiro Figueiredo

Bacharel em Direito pela Pontifícia Universidade Católica (PUC) em 2012 e especialista em Direito Tributário pelo Insper - Instituto de Ensino e Pesquisa em 2016 (LL.M. em Direito Tributário). Atua na área tributária, tanto na esfera contenciosa, quanto na consultiva. Com foco em contencioso tributário, atua na esfera judicial e administrativa, nos âmbitos federal, estadual e municipal. Fernanda também possui experiência na área de contribuições previdenciárias. Fluente em português e inglês.

Iva Maria Souza Bueno

Especialista em Direito Tributário pelo Insper - Instituto de Ensino e Pesquisa em 2016 (LL.M. em Direito Tributário), graduada em Direito pela Universidade Presbiteriana Mackenzie em 2009. Atua na área do direito empresarial, com ênfase em fusões e aquisições (M&A), contratos e direito societário, possuindo também consolidada experiência na área consultiva trabalhista. Iva é fluente em português e inglês e assessora clientes nacionais e estrangeiros de diversos setores da economia.

ÍNDICE

OS PLANOS DE CONCESSÃO DE AÇÕES (*STOCK OPTIONS*)
E SEUS PRINCIPAIS ASPECTOS
Felipe Lorenzi de Britto — 11

ANÁLISE DA INCIDÊNCIA DA CONTRIBUIÇÃO PREVIDENCIÁRIA
SOBRE OS PLANOS DE CONCESSÃO DE AÇÕES (*STOCK OPTION PLANS*) E DA VALIDADE DA BASE DE CÁLCULO UTILIZADA
PELAS AUTORIDADES FISCAIS
Fernanda Balieiro Figueiredo — 49

O REGIME TRIBUTÁRIO DAS OPÇÕES DE COMPRA DE AÇÕES
"*STOCK OPTION*" OUTORGADAS A EMPREGADOS
E ADMINISTRADORES POR EMPRESAS BRASILEIRAS
Iva Maria Souza Bueno — 83

Stock Options